给高校辅导员的100条建议

贾海利　赵冬冬　著

GUANGXI NORMAL UNIVERSITY PRESS
广西师范大学出版社
·桂林·

图书在版编目（CIP）数据

给高校辅导员的 100 条建议 / 贾海利，赵冬冬著. —
桂林：广西师范大学出版社，2014.11（2021.7 重印）
（高校辅导员 100 系列丛书 / 高杨，赵东主编）
ISBN 978-7-5495-5850-6

Ⅰ．①给…　Ⅱ．①贾…②赵…　Ⅲ．①高等学校－
辅导员－工作　Ⅳ．①G645.1

中国版本图书馆 CIP 数据核字（2014）第 200150 号

广西师范大学出版社出版发行

（广西桂林市五里店路 9 号　邮政编码：541004）
（网址：http://www.bbtpress.com）
出版人：黄轩庄
全国新华书店经销
广西民族印刷包装集团有限公司印刷
（南宁市高新区高新三路 1 号　邮政编码：530007）
开本：880 mm ×1 240 mm　1/32
印张：7.25　　字数：170 千字
2014 年 11 月第 1 版　　2021 年 7 月第 7 次印刷
印数：15 901~18 900 册　　定价：28.00 元
如发现印装质量问题，影响阅读，请与出版社发行部门联系调换。

总序 ZONG XU

教育部思想政治工作司司长　冯　刚

高校辅导员是大学生思想政治教育工作的直接组织者和实施者,是大学生健康成长的指导者和引路人,肩负着引导大学生积极践行社会主义核心价值观的重要使命。如何完成时代赋予的新使命,成为一名能够指导和帮助学生健康成长的优秀辅导员老师,不仅是高校辅导员自身成长发展的需要,也是高校辅导员完成培养社会主义建设者和接班人的时代重任的需要。2014年5月4日,习近平总书记与北京大学师生座谈时强调:青年要自觉践行社会主义核心价值观,与祖国和人民同行,努力创造精彩人生。高校辅导员应该在引导青年学生自觉培育和践行社会主义核心价值观方面发挥积极作用。

大学生是青年群体的一个重要组成部分,是青年群体中的佼佼者,理应走在践行社会主义核心价值观的前列。大学生正处于价值观形成和确立的关键时期,而他们的价值取向影响着未来整个社会的价值取向。习近平总书记指出:"对一个民族、一个国家来说,最持久、最深层的力量是全社会共同认可的核心价值观。"的确,经过几代人的努力,今天的中国已经站在了新的历史起点上,比历史上任何时期都更有条件实现中华民族伟大复兴的梦想。而实现中国梦需要广大青年自觉践行社会主义核心价值观,需要他们在践行中激扬青春、开拓人生、奉献社会。在今天,共塑富强、民主、文明、和谐,自由、平等、公正、法治,爱国、敬业、诚信、友善的价值观念,已经成为全国各族人民的共识。大学生们只有牢固确立社会主义核心价值观的理念,一辈子的路才能走得正,走得宽,走得远。而随着移动互联网技术的快速发展,文化传播的速度在加快,社会思想环境日益复杂,这对高校辅导员做好思想教育工作提出了新要求、新挑战,使他们在通向优秀之路上需要付出更多的努力,这也正是辅导员工作的价值和魅力所在。

"高校辅导员100系列"丛书正是为了帮助高校辅导员应对诸多新挑战而编写的。它涵盖了各个层面的辅导员工作,是辅导员队伍建设领域的一项重要实践成果,对进一步推动辅导员队伍建设,提升思想政治教育工作的科学化水平具有积极的作用和重要的参考价值。丛书由 4 本书组成:《优秀高校辅导员给大学生的 100 封信》是100 名优秀辅导员以"给大学生的一封信"为题写成的 100 篇文章,是他们最想对学生说的话语,或者是他们认为最有必要给学生的提醒和建议;《给高校辅导员的 100 条建议》的作者是有着多年基层学生工作经验,练就了学生工作"十八般本领"的一线辅导员老师,他们结合自己工作中的体验和思考,对辅导员尤其是新辅导员提出最为实际和有效的 100 条建议,是辅导员做好工作的重要参考;《高校辅导员"微"心语100 篇》选取 100 篇全国高校辅导员的优秀博文,以"中国梦·育人梦"为主题加以贯穿,既能引导大学生解决思想、学习、就业、心理等方面的实际问题，又可帮助辅导员理清工作思路、交流工作技巧；《一位高校辅导员的 100 篇"微"日志》的作者虽然是辅导员岗位上的"新面孔"，却早已在学生工作领域里"耳濡目染"多年，作为"微时代"的辅导员，他抓住了"新媒体"这对翅膀，其撰写的系列文章既有对学生成长的悉心指导，也有对辅导员自身成长的深切关注，以独特的视角映射了一个新时代辅导员的成长之路。

党的十八大报告指出，要把立德树人作为教育的根本任务，培养德智体美全面发展的社会主义建设者和接班人，培养学生的社会责任感、创新精神和实践能力，这对在高校育人过程中发挥重要作用的高校辅导员队伍提出了更高的要求。不少高校也把辅导员队伍建设放到高等教育改革发展稳定的大局中进行谋划和推进，逐步完善标准体系、制度体系和培训体系，扎实推进高校辅导员队伍的专业化、职业化建设。在此过程中，要想成为一名优秀辅导员，不但需要良好的政治素质和道德修养，而且需要不断提升职业素养和业务水平。相信这套丛书能为高校辅导员们提供有益的帮助。

是为序。

2014 年 11 月

自　序

一

辅导员界流行这样一句话：辅导员是个良心活。这个说法的出处无从可考，就我个人来说，这是一种自行领悟。我以为我找到了金矿，围绕着这个话题写了大量文字，受到了很多辅导员朋友的认可和喜爱。随着阅历的增长，我又慢慢发现这样的事实：这句话并非我原创，很多人同时领悟了这一道理，实际上是"共同发现"。在高校，做过辅导员工作的人实在太多了，很多人和我一样，开始抛开工作本身的纷繁复杂，想要在其中找到一些规律，而在发掘这些规律的时候碰到的第一个问题就是：辅导员工作究竟是简单的还是复杂的，是技术含量较低的还是高技能的？这是一个工作性质问题，关系到整个辅导员理论和实践体系的发展。一些学校管理人员把辅导员工作看作是一个谁都可以做的工作，辅导员就只是一个技术含量很低，用于统计人数、看好学生的低端工作（某些民办高校尤其如此，较低的待遇导致了较高的流失率，而领导们会有这样的理由：你不干自然有人干，谁还干不了辅导员）。但实际的辅导员工作显然并非如此，站在人的发展角度上看问题，辅导员在为学生的成长负责，学生除了睡觉、上课之外，所有的时间都和辅导员有关。诚如教育部 24 号令所言，"辅导员应当努力成为学生的人生导师和健康成长的知心朋友"，这个定位重新定义了辅导员："人生导师"是何种的高贵，岂是容易当的？"知心朋友"又何其难也，一个人一辈子能成为几个人的知心朋友？反过来落到我们的具体工作，这确实是一份非常有技术含量、非常有分量的工作！

"辅导员是个良心活"的说法应运而生，它以道德伦理的高度阐释辅导员工作，虽然不成体系，却激励着广大辅导员。辅导员工作确实可以做得轻轻松松，如果自己不愿意做事，很多事都可以一句话推开；但大多数辅导员选择了"良心"，因为人是有尊严的，每个做辅导员的人都愿意花一些心思在教育上，用自己的办法成就学生，帮他们成长。在遇到一些是非因果的时候，大多数辅导员的选择是捍卫正义，以助人为己任，去帮助学生。目前的现实是，社会观念有偏颇，高校实际定位和待遇都不甚完备，但辅导员就是凭着这样一种信念工作的，做成就人的工作，把工作当成一个良心活！

就实际工作而言，并不是思想认识正确就能导致好的结果。世界上没有一种工作比做人的发展工作更有价值，世界上也没有一种工作比做人的发展工作更需要知识和技能。在工作中，我们不时有所领悟，但这些经验是零散的，不成体系的，存在断裂之处，一些观点自相矛盾甚至是错误的。基于个人能力的范畴，每个人对问题的挖掘和认识程度不一样，更会导致不同的结果。同样是学生工作，不同辅导员带出的学生可以说完全不一样。有的辅导员成就了很多学生，甚至在"批量生产"；但有的辅导员则被一些问题困扰，优秀学生的产出率明显不高，还心情糟糕，工作效果也不好。社会科学和自然科学的发展中,很多学科都涉及人的发展问题,但这些学科从未真正系统引入过辅导员工作领域,仅凭经验总结促成的知识体系仍然狭隘,跨学科跨专业的研究仍然是镜中月水中花。辅导员的个人知识不同、层次不同,在自己的专业素质未能提升到一定层次前,确实难于从事有意义的研究工作。以上事实都说明,辅导员工作迫切需要一种具体技术的指导,这是一项专业程度很高、专业技能很高的工作。

我们知道,不管是这本小书,还是"辅导员100系列丛书",都不能也不可能解决辅导员工作中的很多问题。但从另一个意义上来讲,选取有益的辅导员工作案例,选取当前辅导员工作有影响力的观点,对这些内容进行梳理,本身就是一种有益探索。因为辅导员工作的特殊性,目前面世的书籍主要为宏观指导,各个学科和各个领域简单的相加和罗列,更像工具书。但眼前这一套丛书却与众不同,从辅导员实际工作中的几个微观之处入手,让读者通过大量的事实自行总结规律,可以说这是一个理论和实践都兼而有之的系列,图书的策划方和出版社确实做了一件很有意义的事。

二

辅导员个人职业发展问题是辅导员最为关心的问题。对于这个问题,我有一个基本观点,辅导员应该成为某个方面的行家,乃至成为一个领域的专家,为未来职业发展打下基础。而要成为专家,则需要我们对辅导员工作进行挖掘,了解更多的技术,确定发展的方向,最终有一技之长。

就目前国内辅导员工作来看,年轻人是辅导员工作的主力,尤其是刚刚毕业工作五年以内的辅导员,工作十年的辅导员都在少数。本书面对的就是这部分年轻的辅导员,其中有很多技术性的东西,会成为可以迁移的经验。其实,就我个人的设想,古人所说的"道"和"术"比较准确地描述了这本小书:辅导员缺乏具体的工作技术,此为"术";但辅导员更缺乏的是正确的观念和认识,此为"道"。所以,我一直追求"务实"和"接地气",在书中除了直接介绍技术以外,还有很多思想观念上的争鸣。这和我想写一本纯辅导员技术书的想法已然相悖,却又在情理之中:很多事,只要想通了,人们的潜力是无穷的,他自己就会做到;关键是,你要去给他们一种全新的视角和观点,这可能更有用。

这本书是我个人职业发展道路的一个全新的探索。在此,我对那些关心和支持我的人表示真诚的感谢!尤其感谢广西师范大学出版社,这是我的第一本书,对我意义重大,出版社提供的这个平台为我托起希望;感谢我身边那些一直在默默支持我的家人、朋友,他们帮我扫平了很多障碍,让我能彻底把心稳下来,去重新认识生活,去认真敲打梳理自己;我更要感谢一批特殊的人,就是全国各地的辅导员网友们,他们的每次回复和鼓励给予了我人生的正能量,让我有勇气用一支笔重新定义自己存在的价值。

这本书中还会有一些小"彩蛋",即每篇正文后的"延伸阅读"。坦率说,和正文比起来,"延伸阅读"部分的文字会"幼稚"一些,原因在于这不是当前的产物,而是"历史"。这些延伸阅读的部分,都是我在辅导员生涯中随时写下的博文,记录讨论了辅导员工作中想到的每件事。一个刚刚毕业当上辅导员的毛头小子和如今有八年工作经验、成熟的学生工作者当然有天壤之别。所以,还请各位读者宽容。其实,我个人认为这些延伸阅读反而更加有趣,因为它代表着不同年龄的见解,即使青涩,也记录了一段年轻的时光,也是我们共同拥有的辅导员时光!

最后,用一篇在辅导员界流传很广的文章作为自序的小结。

那些辅导员想不通的事

我们每个人心中都有一个心灵花园。在那里,所有的道德和期望构筑成一个纯粹的伦理世界,指引着我们追求美好的事物。可是,在心灵花园深处,总有阳光无法慰藉的角落,一些带着伤痕的花蕾隐匿着无法说出的秘密。

作为辅导员,当我们需要以一种华丽的引领者姿态去面对一张张鲜活的脸时,我们的内心世界该是强大的、充盈的。但是,每一位大学生都是有思想的人,在我们没有达到因为经验丰富而处变不惊时,我们的心灵花园有时候会偷偷装载悲伤。虽然是一名行者,却会为鞋里的一粒沙而耽误远足。辅导员是一项需要人生经验的工作,年轻热血的"80后"辅导员和活跃不羁的"90后"学生之间,一定会碰撞出种种冲突,演绎出意想不到的困惑。

困惑一:学生就该管得严一点!

这几乎困惑过所有年轻辅导员。在我们刚入职的时候,很多老辅导员都会告诉我们,要对学生严一些,在严的基础上表达自己的宽容,这才是驾驭之道。事实上,这并非简单的折中,而是一种在经验基础上总结的智慧。但问题在于,年轻辅导员理解的"严"和老辅导员理解的"严"并不在同一层次。为了追求立竿见影的效果,青年人特有的急功近利会走向一个极端,加上老辅导员的默许和鼓励,所谓的"严"会转化成为某种"暴政"。"你才比我大几岁,有什么可牛的?""你当自己是谁啊?"当我们无法善用"严"时,一定会面对学生犀利的质疑,这可能是年轻辅导员遇到的第一个事业打击。

比较合理的方法是:和学生先交朋友。我们真正需要的是"沟通",让学生认识我们、了解我们、理解我们。在这个过程中,你要申明有些红线碰不得,那就是"规则"。当我们在亦师亦友的氛围中去维护"规则",这种维护会减少学生的反感。一个正直坚守规则的辅导员会被尊重,我们维护的规则,也会被学生当成道德和做人的一部分,因而会得到更多的理解。"不怒自威,亲而难范",不必因为年轻而不知所措,年轻一样可以立威并被爱戴。

困惑二:学生不怕我,怎么办?

有些辅导员和学生走得太近,甚至"学生不怕我",增添了很多烦恼。这是个"度"的问题,怎样保持和学生适度的距离?

其实这个答案很简单,既会让人觉得意外,也会发现在情理之中,这就是:不要让学生进入你的私生活。

一切从工作出发,一切从师生关系的前提出发,学生对于老师的认识,会有一种敬畏。一旦进入私生活领域,自己的喜怒哀乐乃至种种缺点被一览无余——并不是说让学生认识全部的自己不好,认识是一个层面,参与是另一个层面。在私生活领域,学生们掌握足够的信息会让我们开始束手束脚,即使想拿起"我是老师"的样子,恐怕也不再起效。

只要保证学生不进入辅导员的私生活领域,一切在师生关系的前提下去谈,即使一些学生表面标榜"不怕",其实还是有敬畏心的。

困惑三:我总担心学生出事!

世事无常,只有变化永恒。学生永远不出事,那只是一种愿望。在辅导员的世界里,处理各种紧急事态,有时候甚至是超乎承受能力的应激性事件,就是工作的一部分。世界上总有很多事是完全不可控的,这时,畅通的信息反馈机制和强大的学生自我管理体系,就是辅导员过关斩将的利器。

消除隐患是经验性工作,早早把可能发生的事情做好打算,把危险扼杀于萌芽,这种智慧确实需要长期的经验积累,年轻辅导员一时半刻无法掌握。但是,建立信息反馈机制和学生自我管理体系,年轻辅导员完全可以做到。原理是这样的,只要获得学生的信任,很多问题在刚一露头就会被立刻解决。一群年少气盛的学生正为一件觉得"很憋屈"的事想打群架,一个不被学生信赖的辅导员只能在发生事情之后才知道事情的真相。而那些受到学生尊重的辅导员,总能在第一时间知道问题的缘起,早早妥善解决。培养一个好干部,获得一批学生的尊重,建立畅通的信息反馈机制,能让学生发表不同意见,让所有的学生相信你做事公正,让学生充分发挥自己的主动性,在"群众雪亮的眼睛"中,你究竟有什么可怕呢?

困惑四:学生不理解我!

什么叫学生不理解?其实就是学生不认同。这虽然是一种不好的心理体验,但确实是构成事物的基本元素:既然有认同,当然也有不认同。

与其说学生不理解,不如说自己不理解:是一些事情你没想清楚。

在我看来,一个辅导员能受到百分之七十的学生认可,已非常难得。如果认可度在百分之八十以上,那是非常优秀的辅导员。这意味着什么?你认为为学生做了很多事情,但学生不理解——其实大部分学生是理解的,问题是你看到的、关注的只是那一小部分不理解,而你恰恰被这一假象所迷惑——这是真正的不理解吗?

任何一项工作,任何一种职业,管理者能获得八成的认可度已经是非常成功的——可这百分之八十恰好是沉默的,剩下的百分之二十不认同者反而容易发出声音,容易给管理者造成困惑。聪明人会正确区分哪些是主流、哪些是杂音——所以,我们真的不被理解吗?

困惑五:有几个特别难管的学生,总会让我难堪!

既然我们不可能被所有学生认可,接受学生的质疑甚至挑战就是一种必然。在随机率支配的世界中,遇到几个让人特别"抓狂"的学生是必然的。他们有时候会挑战辅导员,有时候让辅导员难堪,有时候甚至会把年轻辅导员气得直哭。恐怕,很多辅导员都有过被学生气哭的经历吧。

在这里,我们不是要谈解决方法,而是要谈另一个层面上的问题,就是我们的认识。方法是"术",这是在不断学习之中完备的,没有快速解决的可能。而认识是"道",决定着我们努力的方向,却充满了顿悟的希望。我们通常称难以管教的学生叫"特殊学生",而你是否知道,一个辅导员的真正水平就体现在如何处理这几个特殊学生之上。

方法是慢慢有的,但认识却需要顿悟。这是作为辅导员必然面临的难题,挺棘手还逃不掉。这时候,选择微笑去面对,宽容又不失原则,努力去改变这样的学生,这就是我们辅导员要做的"良心活"。

困惑六:我的学生不听话,他们不尊重我!

不听话与不尊重没有什么关系。这些宝贝孩子们,即使面对自己的家人,一方面表现出对自己家长的尊重和爱戴,另一方面他们也会不听话,你能说这也是不尊重?对辅导员来说是一样的,学生们独有的做事方法和行为体系,有些会表现出直接顺从,有些则会表现出不听话甚至反对,但这完全与不尊重无关。

可以回想,我们是学生的时候,都是听话的吗?有时候不但不听话,甚至以逆反为乐趣。但是,在内心却不是那么回事,我尊重那些我认同的师长,即使我可能仍然反感他的每个做法。

其实还有一层意思,学生们不听话、不照做,很正常——辅导员就是干这个的,直到让学生听话了、认同了为止。

困惑七:学生给我起了外号!

一般来说,这有两种可能:第一种,你可能确实存在一些方法上的问题,造成师生关系紧张;但更可能是第二种,学生给你起外号,是一种特殊的爱戴。

回想我们的学生时代,是否给师长起过外号? 这不一定是侮辱,只是好玩而已,尤其是某位老师在某一方面特别有特点,于是会有经典的外号。这些外号通常在学生内部传递,说一说,只是会心一笑。

有的学生给老师起了外号,顺便还编排几个段子——但是,你是否知道这是一种学生之间吸引人注意的特有方法呢? 再退一步讲,即使有时候确实在骂老师,口头上毫不饶人,心里却知道老师是对的,只是过过嘴瘾而已。

所以,以一种开怀的心态面对,不必轻易给学生们的一些行为定性。一笑而过何尝不是一种美好的胸怀呢?

困惑八:我的学生平时很懂事,怎么突然又这么不懂事了?

学生到底懂不懂事? 答案是,既懂事,又不懂事。在一些大是大非的道理上,他们非常之懂事,有时候懂事到让人感动。汶川大地震和北京奥运会成就的"80后"鸟巢一代,上海世博会成就的"90后"世博一代,在特定的历史事件下展示出的懂事一面,让世界为之惊呼。

在另外一些事情上,我们却要面对另一面。我的一位同事讲过这样一个故事:某年军训,早晨不到5点,连接了三个电话,第一个是贝雷帽丢了,第二个是作训服丢了,第三个是体检表丢了。

如果是一位刚刚做了母亲的辅导员,连续在这个时间接到这三个电话,孩子被惊醒,家里人跟着紧张,可想而知情况会有多么糟糕!不仅如此,学生们在很多方面体现出的不懂事甚至让人愤怒:辛苦为学生争取到了某些东西,学生却认为你在其中做了什么手脚;托了好多关系给学生办了一件事情,连一声"谢谢"都没有;本来公平公正的处置,某个学生却恶语相向。这样的经历,恐怕都有过吧?

这就是学生不懂事的一面,虽然是大学生,对于人情世故的了解、对于生活的体察远远不够,做出的事情让人觉得不懂事。也正是因此,我们辅导员又一项重要工作诞生了:宽容学生不懂事的一面,引导学生懂事。

困惑九:学生嫌我太唠叨,怎么办?

在某管理学案例中,一位CEO说过这样的话:一件事说到自己想吐的时候,员工才开始注意,这个数字大概是16遍。这是一个在职场中有着高度规则的情景下实现的,而在讲求宽容自由的大学中,你该说多少遍会被学生接受?

唠叨就是辅导员的标签。虽然我们年轻,最反感别人说我们唠叨。但是,既然选择了辅导员这样一种塑造人的神圣工作,我们自己变得"唠叨",其实也是一种专业的表现。

困惑十:总有那么一两个学生懒懒散散,自己都不上心,我又能怎么办?

先暂且放下这个问题,我想问问,什么是教育?每个人都有自己的教育观,我刚刚工作的时候,总是希望自己像阳光一样,给学生们温暖,照耀学生前进,总认为我可以带出很多才华横溢的学生。可是随着时间的推进,我的观念在变化。每一次顿悟都蕴涵着痛苦的回忆和新思路的冲突,一种大而全的教育观已经被一种卑微教育观所改变。我现在所理解的教育是,我只要能改变很少的人,就是很好的教育者。

每个人都有特定的生存状态,人与人之间,事实上存在着无法逾越的鸿沟,想去改变一个人,其实是一件很难的事。我们可以影响很多学生,但也许我们只能改变很少的学生,甚至只有一个。

回到问题本身,"总有那么一两个学生懒懒散散,自己都不上心,我又能怎么办?"我会微笑地告诉你,基于以前的教育,总会有那么几个学生在之前的家庭教育、学校教育、社会教育都失败了,他不听任何人的话。现在到了你这里,你该怎么办? 我只能回答,知天命而尽人事,去尽力改变。

从年轻辅导员走过,在经历了很多故事之后回头,会发现之所以很多事情想不通,在于我们的认识水平还没有达到一定的阶段。当我们静下心仔细想想,重新审视一下自己的教育生涯,很多答案就蕴涵在量变引起的顿悟之中。心灵花园中可以有很多鲜花,也可以横生蔓草,我们可以辛勤耕耘,除去蔓草,抚平伤痕,重新迎接不竭的阳光。到那时,自会一路烂漫,花香飘远。

目录

1　　第一篇　处理师生关系的十个建议

15　　第二篇　做好班级管理的十个建议

41　　第三篇　获得领导力的十个建议

61　　第四篇　做好学生干部培训的十个建议

79　　第五篇　做好学生心理援助的十个建议

105　　第六篇　讲好爱情主题的十个建议

135　　第七篇　做好特殊学生工作的十个建议

155　　第八篇　用好辅导员微博的十个建议

173　　第九篇　提高工作效率的十个建议

191　　第十篇　进行自我激励的十个建议

208　　后记

第一篇

处理师生关系的十个建议

写在前面 ❖

　　刚做辅导员的新人面临的问题在哪里？主要是师生关系问题，本质上是对教育的理解问题。新人刚入职的时候，有着数不尽的对于教育的想法，既想实现自己的想法，又想试探着学习一些基本的职业技巧，感受学生人到职业人的转变。这个过程，可以肯定地说，每个人都要"栽跟头"，其他的问题还在其次，受到学生的非议和误解是最难受的事。年少气盛，满怀热情，信奉"只要我做的事情对，我不怕你不高兴"想法的新人大有人在，等到真有人不高兴或者非议的时候，却又觉得受不了。一些学生气重、个性化未褪去的新人更是这样，甚至会为某些事情大声批评学生，恨不得立刻让学生改正。岂知学生不但不买账，甚至还暗自憎恨。另有一些新人，总是建立不起权威，学生不怕他（她），更是苦恼，这怎么办？掌握不好和学生的距离，太近和太远都不好，和异性学生的接触有时候会被非议，更是难于把握的问题。这些问题，在本文中有所涉及，可以感受一下。文字不能也不可能一下子解决全部问题，但全新的阐释有助于帮你理解这个问题，找到属于自己的答案。

人在工作的时候会遇到各种各样的问题,而问题通常源于一些我们感受不到,也没人会指点会教的东西。经过这两年对一些新辅导员的观察,结合自己的一些感触,我想把这种感受不到但影响我们工作的东西列出来,大家不妨读读看,欢迎补充。我还是那句话,我们一直在路上。

一、请记住,不要轻易使用批评

当我们以老师的眼光看学生的时候,发现学生竟然有这么多这样或者那样的问题,却忘记了自己学生时代的懒惰和无知。当学生达不到自己要求的时候,新辅导员最容易使用的就是批评。然而,作为一个新辅导员,他的批评的作用往往是相反的——或许在短时间内起到了自己想要的效果,可是,从长远来看,却在积蓄学生的怨气,最终在学生那里彻底磨掉"先天"的作为老师的尊严。简单说,"心要散了,队伍就不好带了"。

二、请记住,不要轻言教育

我们是老师了,就可以想当然地谈教育么?或许,在成为老师的一个月前,我们还在以学生的角度去看待学校做事的种种滑稽与可笑,而在成为教师的短短几个星期内,就觉得自己成为"老师",用老师的口气说问题,俨然是一个"教育者"乃至"教育家"。"教育"二字不是因为成为老师而随之而来的一种赋予，而是一种发自内心的自省。我们不要张口闭口提教育，没有几年当辅导员的经验，任何一句从口中说出的"教育"都是肤浅的，甚至会被学生嘲笑。教育绝不是我们的理想或者教科书教给我们的，所以，请勿轻言教育。

三、"相信每个学生的心灵深处都是你的助手"

这是教育家魏书生说的，而且不是对大学生来说的，是对他所带的高中生甚至初中生说的。魏书生觉得，一个不谙世事的中学生，内心都有成熟、懂事的一面，而我们为什么总是觉得大学生很不懂事呢？客观上讲，大学生群体中，确实有很多让人觉得不懂事的一面，但是，大学生更多是有了一定思想和一定认识的"大"学生。他们的心灵，或许还在经历着青春期不可抑制的冲突或迷茫，但是，他们在另一方面是成熟的。不要因为他们犯错误就去简单地"批评"或者"教育"，每个大学生的任何一种行为，都可能有着一些我们曾经有过或者在我们理解的范围内的原因。或许有一天你发现，他们的成长比我们快，他们的思想比我们深刻，我们对于他们的了解仅限于"并不了解真实的情况"。而一个工作了的学生，我们很快发现原来自己并不如他们，而我们以前一直盯着他的种种介怀的小事根本微不足道。

我们对我们带的学生，就应该有更多的尊重、宽容，就应该有更多的希望，就应该相信他们是懂事的孩子，而我们只需要给他们一点点提醒，或者指导，他们就会做得很好，甚至把周围的人也带得很好，把一个班带得很好。这不就是说，每个学生的心灵深处都是你的助手么？

四、己所不欲，勿施于人

一个赖在床上，整日不起，还振振有辞顶撞老师的学生，简直会让我们头疼不已。可是，在我们的学生时代，是不是也有过懈怠呢？答案是肯定的。只不过，我们有懈怠的一面，也有勤奋的一面，而我们没有看到学生勤奋的一面。我们简单生硬地对学生提出要求，这结果不会太好——要求学生如何还是需要很多技巧的。有很多事情，如果我们做不到，比如，我们都需要建立信息沟通的机制，不要过分苛求于我们的班长，有些时候，他们不愿意把事情说给你，是因为他有他的难处，他们也不能随时随地做一个"告密者"。有的辅导员简单地责怪班长没有把实际情况报告上来，那是在难为班长。就算我们自己，也不可能任何事情都向领导汇报，因为我们有各种各样的理由。那么，我们怎能轻易要求我们的学生呢？就这个事情本身来说，这里面有很多深刻的东西。简单说，"己所不欲，勿施于人"，是一种比较深入的对于教育的理解，它能让我们获得更多发自学生内心的认可。

五、要让学生敬佩你

每个人身上都会有很多的优点。而作为一个老师，把自己的优点最大限度地展现给学生，简直就是教师工作的本身。我们能在千军万马的竞争中获得这份职业，就有我们不同寻常的地方。或许是你的演讲，或许是你的文章，或许是你一丝不苟的态度，或许是你的敬业精神，或许是你的歌喉，或许是你的篮球水准，等等。总之，要让学生在某一个方面，在他的意识之中，有一点不是因为你是"老师"而产生的对"老师"的尊敬,而是发自内心里的敬佩。

六、老师就该有老师的样子

很多人成为辅导员之后,还是改不了学生时代的样子。大大咧咧,或者喜欢多愁善感,或者喜欢穿一些非常个性化的衣服,或者仍然爱用时髦的网络语言——这些或许没错,但从一个老师的职业形象乃至职业道德上讲,你是一名老师,就得有一名老师的样子。让学生们看到一个不像老师的你或许并不坏,但也绝非是什么好事。"老师"两个字,本身就有某种耐人寻味的意义,自己都不把自己当回事,怎么能做好这个老师呢?

七、用老师和学生的两种心态去考虑问题

做学生的时候,我们通常不能站在学校、老师的角度考虑问题。可是,刚刚成为老师的时候,我们既有学生时代最鲜活的经验,更有来自老师立场上的体验。请记住,这是你最宝贵的理解辅导员职业的时候,能从老师和学生两个方面考虑问题,这是你人生中绝无仅有的一段时光。对于任何问题,同时用这两种眼光去看,才会看到比较本质的一面,才不至于做出荒唐的决定。请记住你现在能用两种角度考虑问题的时光吧,三年之后,你的思考就很难从学生的角度出发了。珍惜吧!

八、请保持和异性学生之间的距离

我并不是为那一套所谓的道德礼教而说教,哪怕老师和学生结婚,

这样的事情在现代社会中也容易理解。但是,从实际的角度来看,如果一个年轻辅导员和异性学生之间距离太近,即使没有什么,也会被其他学生议论纷纷,或者看不起。我们很多新老师可能都会有这样的特点,自己本是无意,却不知道学生之间已经是沸沸扬扬,众口铄金了。和异性学生保持一些距离,对于新人来说总不会是坏事。

九、身先士卒,榜样的力量是无穷的

做什么事情,如果我们要求学生,自己却不肯遵守,那是很糟糕的,尤其是我们这些新的辅导员。要求学生去参加一次劳动,我们不妨一起参加,也正好和学生有着更轻松随意但深入的交流;要求学生认真完成每一次作业,我们就得先把自己在学生面前的承诺完成好。身先士卒就是榜样的力量。

十、请时刻记得反思

反思是一剂良药,因为它需要我们时常总结自己做得不好的地方,味道或许有点苦。但是,既然是良药,就能治病救人。我们的辅导员,不论有多少事务性的工作,也不要轻易用"忙得顾不上"来推脱或者逃避反思。除去老师的身份,我们每个人都是年轻人,在成长的道路上,我们遇到的问题总会大于成就。善于反思,完善自我,寻找解决问题的方法,加强自我的修养修为,永远是一件值得我们去做的事情,永远是促进我们成长的一种动力。

给职场新人的十个建议

四年前我自己毕业工作，两年前我爱人毕业工作，去年我所在的单位来了十二名新人，我带的第一届学生干部毕业走上了工作岗位，今年我自己带的第一届学生毕业，若干已经有了工作经历。从这些新人的经历中，我找到了很多共通的东西。我想，这些东西总结起来，就是新人必须面对却经常会困惑的问题。我愿意把这些东西送给所有要踏入职场的新人。

第一，越有能力的，通常陨落越快。

我说的这种有能力的，是指个人能力突出，同时具备非常强大的表现欲望的那种人。很多新人到工作单位，第一时间想展示自己的才华，怕别人不知道自己有能力，同时也就犯了第一个错误。

才华是要展现的，但要用别人愿意接受的方式。这是个很大的话题，需要慢慢去了解才行。整体上说，才华要在合适的时候合理地展露，才能得到既不招妒忌也不招轻薄的评价。

另外，不知道你什么时候会领悟：其实哪个单位需要的都不是最有才华的人，而是最适合的人。

第二，不要比老板聪明。

这是和第一点一脉相承的，但含义又各不相同。不要比老板聪明是职场最大原则,因为这种问题简直恒定存在。首先,你真比老板聪明,老板的面子被你弄没了,后果会很严重,或者老板根本就容不下一个比他聪明的人。其次,你其实不比老板聪明,这种情况最常见。刚入职场的人,根本没有什么经验可言,看到了一些事情不合理,就觉得真的不合理,就觉得老板很笨,其实不然。刚入职场的人可能根本不知道一些事情为什么是那个样子的,比如说某些事这么做明明效率很低,但老板要求必须这么做,却不知道这其中是有故事的。如果你自以为比老板聪明的事被老板知道了,老板很生气,后果很严重。

其实,很多老板确实不聪明,不过,即使如此,你也不能比老板聪明。如果需要你比老板聪明的时候,这需要好好考虑怎样让老板仍然觉得比你聪明,至少,让他觉得他知人善任,会用比他聪明的人。

第三,不要轻易对事下结论。

事情的前因后果没有弄清楚的时候,就敢轻易地下结论,这不是什么不可思议的事情,而是新人的通病。面对一个流程、一个工序、一个安排,看起来"明明不合理"的时候,就直接评价说其不行,这是新人经常性的做法。其实,在没有完全了解情况的前提下,就轻易下结论,后悔的只能是自己。

第四,不要轻易评价一个人。

世界上最容易的事情,就是上嘴唇碰碰下嘴唇,一个人的评价就形成了。对于新人来说,相当一段长的时间内可能都弄不清楚每个人扮演什么角色,就轻易下结论,吃亏的只能是自己。一个深藏不露但意见举足轻重可以影响大局的人是比较难于发现的,可是这样的人在任何组织中都存在,很多人却一直看不明白这一点。相反,总是觉得那些总在台前出风头的是自己必须小心的对象,其实他们色厉内荏,根本不足为惧。

另有一种人最为可怕,他温柔的笑脸下很可能握着一把刀。当你不小心的时候,很有可能就捅一下,而他还是在微笑着向你问好,还让你觉得满面春风。

第五,不要在别人面前评价人。

人与人之间的关系是怎样的,可能你很长时间才能知道。你当着一个人的面说另一个人,很有可能这话就成为你的罪证,不久便可广泛传播,再经过各种扭曲,直到一个无法挽回的后果。其实,在任何时候评价人都是可怕的,如果当着一个人的面评价另一个更可怕,制造麻烦的人总是接连不断,他可以随意截取、扭曲你的任何一句话。

另有一点,如果有人在评论他人的时候,作为一个新人,最好的方法是:远远走开,让爱议论的人自己去议论。你远远地避开,这样就不至于不知不觉被强拉到一个小圈子中去。

第六,不要比老板还着急。

到了工作单位后,最先发现的也许并不是单位的向心力,而是离心力。很多人在工作单位不求上进,浑浑噩噩,糟蹋公家的钱却不干正事。这时候，很多新人开始着急，觉得他们这样做怎么行，他们看不过去而愤愤不已，于是比老板还急。其实，也许这种情况老板根本就是知道的，或者干脆就是老板在养闲人，也有可能老板确实看错了人。但无论是哪一种，很可惜，这些都不是新人需要关注的问题，当你比老板还急的时候，估计就是被这群无所事事的人当靶子的时候，你的痛苦时刻到了——不干正事的人一般在整人方面都有自己的独特心得。

那么，我们需要的正义感呢？请记住，在没有保住生存前，最大的正义感就是你需要坚强地活下来。只有活着，才有改变现状的可能性——虽然这也许要等待很长时间。

第七，要尊重老资历的人。

老资历很有可能意味着倚老卖老，是新人最痛苦的事情。很多老资历，几十岁了还是一个最基本的岗位，这里面肯定存在着这样或者那样的原因。很多人新来的时候，以为老资历意味着修养高，其实也许恰好相反。有的老资历，实际上是修养太低，否则就不会是老资历，而是领导了。

很多老资历的人不做实事，这非常正常。其实，他们的做派老板都看在眼里的，连老板都不轻易敢怎样，新人能做什么。在工作交叉的时候，难免和老资历产生不同意见，可以很肯定地说，老资历中很多人都不大度，那个时候，作为一个新人，要的不是效率，而是和谐。不然，就会被"和谐"了。

和老资历发生冲突，那是最糟糕的事情。遇到这样的情况只有一个选择：忍让。否则，自己的工作生涯会很难过。不过好在老资历的人中,有的人也只是心累了,不愿意争名利,但内心其实有正义感,愿意提携和帮助后辈。这样的老资历,多多益善,更需要多多学习,多多尊重。

第八,避开任何公开化的冲突。

宁愿惹恼君子,绝不得罪小人,这基本上是大家的共识。小人之所以是小人,绝对是有施恶能力的。因为是小人,所以撕破脸皮的时候有些事情他做得,而你做不得,那就一定会吃大亏。在小亏和大亏面前,遇到小人时,宁愿多吃点小亏,也别惹了大麻烦。

另外,遇到某些人的公开挑衅,也要保持足够的克制。和小人计较的人,或许大家会希望你好好收拾他一番,但更多的是,大家只是在看热闹,也明明知道你根本什么都做不了。从逻辑上来说,愿意和小人计较的人不也就是小人吗?这即意味着,只要应对公开的挑衅,自身的所有形象就彻底全没了。

作为一个新人,还是多忍耐些吧。公开化的冲突没有一点点好处,只会让人瞧不起,并引火烧身。相反,面对挑衅一笑了之,是最好的回应。挑衅最怕的不是接受挑衅,而是不理睬。是非公道,自在人心。

第九,随时做好被非议的准备。

一个无所作为的人,不在大家的视野内,大家其实都懒得评价他。问题是,哪一个新人不想有所作为?当你想有所作为时,你就需要知道,大量的闲言碎语会伴随着你每一点成就。你做得有多好,就要承受多大的压力。

很多新人都受不了闲言碎语，在还没有放出亮光的时候就熄灭了，之后选择一条默默无闻的道路。其实，与其说这是机遇问题，不如说这是一种心理能力问题。干多大的事，就得预备好顶多大的压力，生活从来如此公平，自己愿意放在天平上，就必须承受这种议论的重量。不要怨天尤人，总是觉得世界和你作对。

世界不会和你作对，如果你这样去理解别人对你的非议，或许这就是你进步的动力了。

第十，交志同道合的朋友。

其实，去除所谓的公司、企业、事业单位等等的花样，所谓的工作，无非就是和一群人共同做一件事情。如果这群人都是你的朋友，沟通成本是最小的，相互之间的宽容会使得合作变得简单，误会减少，效率也会相应提高。当然，未来这些朋友都是托起彼此的平台。

先做朋友，再做事，这是一个非常聪明的方式。很多人并不懂得这个道理，把自己的职业弄得特别职业化，上下级森严，不同部门不交流，等等，大家都很累，却没见什么效率。这样做事，当然不会开心。

如果是和自己的朋友共同做事呢？

这并不是什么难事。古人云，道不同不相为谋，作为一个新人，我们可以先交那些志同道合的朋友，共同面对事业，用多双手撑起天空，岂不比一双手有力得多？

多一个朋友多一条路，多一个敌人多一堵墙，这是谁总结的，多么精辟的论述啊！

　　一个人刚刚参加工作，除了来自技能上的欠缺外，为人处世方面的欠缺恐怕更是不少。以上的原则，基本上都是新人最爱犯的错误或者想不通的事情。想不通也没关系，可以慢慢想，很多事情非得亲身经历才有深刻的体会。

　　PS1：这里面也许有人看出了"厚黑"，也许有人看出了"实在"，也许有人看出了"管理学"，无论哪一种，以上这些都只是给新人的建议，只是不同侧面而已。有些东西，会随着新人变成老人而改变。一个人想真正做起事业，必须在心灵坚定、技能熟练之后才能做到，而这实际上又是一件不容易的事情。

　　PS2：能写这些，大概和自己的血泪探索史有关系。体会不深刻，哪里知道这里面有这许多的诀窍和猫腻呢！

第二篇

做好班级管理的十个建议

写在前面 ❖

　　以班级为单位的管理和以个人为单位的管理有本质不同,这不同之处在于学生的潜力是否被调动,他们是否成为自我教育的主体。以班级为单位的管理极大地节省了时间,提高了效率,这是辅导员提高工作效率的一种方法。一些辅导员"只见树木不见森林",被眼前的一两个人的问题所困扰,却从未把心思放在整体班级的管理上,导致班级没能形成自我管理的机制,学生的问题一个接一个。学生眼睁睁地看着你"鞠躬尽瘁,死而后已",心里却未必认同。所以,一些人认为班级管理是个中小学概念,大学更像是个松散的邦联,班级已经没有实际意义,这样的想法必须改正。

　　让我们把眼光放在这个最"正常不过"却又"主动忽略"的班级上来,通过实践,你会发现你的辅导员工作将展现出一种从来没有见过的新面貌。

辅导员工作纵有千种万种,归根结底要回归学生。与学生们朝夕相处、而又最有影响和感召力的就是班级。班级是工作之本,抓好班级,可以说拿到了学生工作的一把金钥匙。一个优秀的辅导员,他眼中看到的不是每一个人,而应该是每一个班级;他工作的对象不是单个人,而是集体。实现班级的自我管理和自主发展,该是辅导员工作的目标,其他一切成就的取得只是一种长尾效应。

然而,很多班级文化孱弱,集体的力量没有得到挖掘和发展,其结果就是工作对象由集体变成个人,工作内容进行了几何级的积累,辅导员应接不暇,苦不堪言。到底该如何抓住班级这个根本?

一、吃苦和享乐

在究竟该把哪个方面放到第一条的问题上,我想了很久,最终还是想说认识问题。"吃苦在前,享受在后"的提法很老套,却有化腐朽为神奇的功效。班级管理只给辅导员一次机会,一个班从开始管得好,后面可能一直好下去;如果开始就弱,一旦松松垮垮的班风形成,想重塑班级怕是回天乏力。辅导员必须充分认识到班级的根本性作用,一开始在班级管理上就要多下功夫、花大力气,塑造强悍的班级作风和强大的班级文化。这不是小题大做,更不是多走弯路,而是磨刀不误砍柴工,大道至简。

班级管理是一个动态过程,不是一下就能达到的,需要不断调整思路,发现问题,改正问题。最好的班级,一定都是班级管理做得好,学生们能自主管理的班级。吃苦在前,享受在后,虽然曾经麻烦,但麻烦一定会导致不麻烦。

不要小看这样的一个认识,它价值万金,因为这关系到整个工作的思路和部署。"班风要慢慢来"或者"风气要靠潜移默化"虽然算不得错,但麻烦会接踵而至,那时候体会的就是欲哭无泪了。宁愿先吃苦,也要把班风从一开始就抓住,这对于四年的大学生活来说至关重要。

二、所谓"正气"

当今时代,各种思潮和价值观以光速传播,移动互联网可以让学生们在第一时间内知道任何事。这时候,一些错误的价值观和想法会走入学生心中:对一些问题质疑,对当前生活价值担忧,对社会风气失望,思想混乱,认为一切都没有意义。

一些青春躁动、价值观不成熟的同学,更是会认为"社会就这样,我怎么做都没用"。在他们的眼中,富二代和有关系是社会规则,自己不是富人就没有出路;学习有什么用,到了最后一样找不到工作;所谓班级又是什么,过家家而已。

不要说学生,就是我们自己,既非生存于真空中,也会时常被此类问题困扰。但成熟的教育者和初出茅庐的老师确实不一样:一些青年辅导员,在和学生的交流中不自主地流露出的某种抱怨,会被某些学生敏锐抓住,进一步放大;不仅自己信奉一切都没有意义的论调,还会通过"两头带中间"的效应影响到普通同学;当质疑一切成为生活的主流时,所谓的学校教育和班级管理都已经没有意义。

我们要树立是非鲜明的价值观,宣扬我们的正义,这不仅是一种职业道德,而且对塑造班级意义重大。既然是学生,离不开学习的话题,那么学习就该是学生的正义；既然生活在班级中，我们一起在成长，那么尊重班集体，服从集体的意愿就是班级成员的正义；这世界上总有很多不平，但我们可以选择不成为自己最讨厌类型的人，通过自己的双手创造自己的公平，这就是我们心中的正义。

其实这事说得复杂了，简单说就是大学就该多学习，班级就该重视学风，班级同学就应该尊重集体。当你宣扬正确的价值观时，错误的价值观才能被扔到墙角去，班级才会有团结人的力量。

三、抓两头、带中间

是"抓中间、带两头"，还是"抓两头、带中间"，不同的老师有不同的见解。总体上说，"抓两头、带中间"符合教育规律，是有效的方法，通用性高；而部分老师实现了"抓中间、带两头"，这是建立在海量的经验和独特的管理方法上的，只有一小部分老师有能力剑走偏锋。

在高校中，每个学生都是介于成熟和不成熟之间的个体，所谓的两头和中间需要"合理"定义。我所谓的两头，一头是指以党员干部和班级舆论领袖代表的"顶端"，他们成熟度高，愿意帮助别人，影响别人，同时具备一定能力；另一头是指总在等待被给予，被"管理"，自控力差，心理或行为上被动，心智不够成熟，认识上极端，需要特别关照的"底端"。学习成绩可以成为评价学生的标准，但绝非最高标准。更合理的标准是基于人性的多样性考虑的，以成熟度和自主程度判断学生的当前实际情况。

"中间"的同学不必管，因为他们易受到别人的影响，不表达更多意见，凡事追大流。只要一个班级风气好，所有的"中间"都会跟着受影响，反之亦然。"抓两头，带中间"，可以说是我们抓班级工作的基本原则。

这一观点的澄清，会让我们在做工作时轻松很多。看上去你的班级不再是个几十人的个体，而只剩几个人。于实际工作量和效率来说，"抓两头带中间"都是聪明的选择。

四、干部是关键

中学班主任魏书生是我非常尊重的老师，在他的班级中，班级民主和自主学习是班风的主要元素，即使魏书生本人出差一个月，班级凭借自己的力量仍然严丝合缝地运转，班级管理一点都不比他在时差。建议所有的辅导员老师都读读魏书生先生的《班主任工作漫谈》，如果让我为辅导员选一本必读书，我会毫不犹豫选择这本《班主任工作漫谈》——不要想当然认为高中的方法不适合大学，魏书生的东西是超越年龄、超越学识、超越阶层、超越种族和文化，乃至超越时代的。在我看来，魏书生的想法尤其适合大学管班，在大学有更大的土壤。不信，你读读！

我曾仔细分析魏书生管班的方法，发现学生干部是其中一个关键。魏书生的班级里，学生干部既能负责，也有权威；既是学生，也是老师；既是公民，也是"总统"；既是小孩，也是大人；既天真无邪，又老成谋国——你想象不到学生干部可以做到这样！一个组织总需要有其核心，班干部就应该是班级的核心。班干部的权威性以及技能水平，将直接引导一个班级。

在我的"给辅导员一百个建议"中，辅导员工作千千万万，不得不一再精选惜纸，但对学生干部我还是赘述了两篇，足见其在我心中之重。关于如何带好学生干部，可以参考后面的两篇文字。总之，学生干部是抓好班级管理乃至学生工作的关键。

五、活动是载体

想提高集体的凝聚力，仅凭"三寸不烂之舌"是不行的。班级需要一些具体活动当作载体，给成员以发挥空间，才能让集体更加团结。

一般来说，活动分为对外和对内。对外活动是指以班级为单位与其他班级或组织进行对抗，不管是篮球赛、足球赛，还是辩论赛、吹拉弹唱，等等，比赛是一种让人热血沸腾的东西，班级的激情可以一同释放，求胜之心也可群体化，所有人的心连在了一起，自然提高了凝聚力。集体性的比赛最好，个人性的比赛次之。整体上，如果一个班级恰好在集体对抗中多次赢得比赛，多年以后，同学们仍然会津津乐道于当年的"独孤求败"。

对内活动是指班内活动，以天然的宿舍或兴趣爱好为单位自由组合，组织同学们喜闻乐见的文体竞赛活动，甚至不必设置奖励。每次竞赛，虽充满了对抗，但因为太过熟悉，会是一个充满欢声笑语的过程。举个我自己的例子，我并不会打篮球，但在大学时候，每次举办宿舍对抗赛因为人员不够又不得不上，上场冲杀莽撞一回，挥洒点汗水，收获了友谊。大家真心不是为了比分，大家真心不是笑话你会不会打，大家真心在一块很开心，所以直到现在我特别怀念当时的篮球对抗赛，虽然我仍然不会打篮球。另一种类型就是集体活动，比如集体春游、爬山、志愿服务等，在一个非学校的环境中每个人都是放松的，共同感受着不同的风景和心境，心情和语言都大不一样，人们开始从不同角度重新认识每一个人。这是一件很有趣的事，相互扶助的精神在其中得以体现，集体的荣誉感随之而生。

之所以有些班级做不起活动,往往在于很多组织者太在乎不同的声音,做计划犹犹豫豫,一旦过了"热乎期",想法就淡了,最后什么都做不成;组织起来也会有一些麻烦,比如收取多少班费,一些同学唱反调,等等,组织者容易觉得"我都是为大家做事,你们怎么都不领情",最终导致自暴自弃;一些活动的形式不当,覆盖面不广,参与性不强,只有少数人能惠及,多数人不愿参与,不愿意给别人当背景,满意度低;一些活动让广大同学觉得组织不好,体验消极,抵触参加……种种原因,很多班级没有组织过具体的活动,在一次又一次的推到"以后吧"的声音中,丧失了一个又一个获取集体凝聚力的好机会。

六、各展所长

古今中外的各种故事中,有一类故事特别有趣:某个人在旅途中和很多人或者动物结成同伴,一起旅行。有些同伴看起来不起眼,甚至有很多缺点。但笔锋一转,在遇到不同的困难的时候,总有不同的同伴站出来解决难题,让这支队伍最终走到了终点。中国有古典的"鸡鸣狗盗",日本有民间故事"桃太郎",美国人则有童话"绿野仙踪"。

尺有所短,寸有所长。在班级中,看起来每个人平常无奇,其实恰好有很多特长。这些特长需要阳光,需要展示,需要认可,却缺乏一个环境。在一个糟糕的班级里,每个人展示特长时都会被看作是爱表现;但在一个聪明的班级里,每一项特长都会赢得别人的尊重和认可,瞧,这是我们班"油菜花"同学!

文字写得好的,编一个小品或者 DV 剧本让同学们自导自演;电脑技术高明的,剪辑一段视频,做一个班级 APP 让大家使用;唱歌好的,代表班级出去跟别人 PK,去争得荣誉;体力好的,爬山时多给大家背点东西,多给其他同学鼓励;游历多见识广的,出谋划策时多贡献头脑;学习好的,更是责无旁贷:期末考试前总结复习资料,给班级同学们画好重点或者讲解难点;有的同学可能各方面才能都不够突出,可是,还有一种更受欢迎的角色等着你,做一个"坐在路边鼓掌的人"。

而作为辅导员,应该和班级一起构建这个各展所长的环境,通过鼓励和暗示,创造一种人们愿意展示自己的文化,创造一种这是正能量的信赖,创造一种人们相互钦佩的氛围,让每个人都能走向台前。

七、网络阵地

网上班集体一直是一个看上去很美的概念,除了互联网内容提供商和网站吵嚷得热闹之外,因为上网条件这个主要原因,网上班集体都是热闹一阵子后趋于沉静。但是,随着 3G 和 4G 的发展,上网已经成为人们的日常生活,保持在线是孩子们的最正常状态,网络班级实际上已经成为班级的一个正式组成部分,似乎一握在手,永不下线。人是很有趣的,明明每天见面,却未必去说几句真心话,甚至不去说几句话;而在互联网上,一些很沉默的人却会活跃,看似不同的人却能找到共同话题。"相见无言,唯有网相连",在一定意义上,互联网沟通迈过了人类有声语言中的"陷阱",能让人们在不同层面审视每个人、每件事,让人们看到不同的东西,找到个性的空间,获得共同话题。这是一件有意思的事。

以网上班级概念大卖的互联网产品有很多,最早的 Chinaren 校友录、网易校友录已经被时代尘封,现代的大学生都未必知道;当下最火的当然是微博、微信、人人和 QQ 空间,每种不同的形式都有其特定使用语境,而一般来说各个班级都在同时使用几种产品,而以一种产品为主。综合使用会大大提升体验,互联网上保留的内容越多,网上班集体越强大。

班级有必要设立专人维护网上班级。以微博为例,班级微博要实现公示公开、通知传达、展示照片、记录故事、颂扬先进、调和矛盾、彼此调侃、共享资料、师生互动、同学互动等多种功效。所谓的"班级日报"和"简报"早已是明日黄花;一个认真打理的微博平台,将承载班级记忆,不仅会在当下起到作用,更会伴着班级成员走完一生。

班级微博建立之初,谈不上被抵制,但一定关注度不高。想要建好班级微博至少需要两方面的因素:一是提高微博质量,要有专人负责,专门撰写微博(甚至长微博),转发微博,提高互动;二是要有长期战斗的准备,养成每个人都关注班级微博的习惯,习惯的养成要多花些时间和心思,很多班级都是因为坚持不下而放弃的,其实已经接近胜利。

多年以后,偶尔翻阅起当年的班级微博,看到宣传委员讴歌你帮助同学整理复习资料的报道,我想,心里面一定会充满淡淡的温馨和感动,那真是一份纯得不能再纯的真情和友谊!

作为辅导员,我们可以多过问此事,多在互联网上和班级微博互动,以身作则,不断鼓励讲解,通过帮助班级微博管理员改进微博质量,最终促成网上班级的建成。这事看似额外,其实不然。一个凝聚力强的班级总需要有一个平台,让成员感受到班级的荣誉感,让同学们感受到互助精神,让每个成员都能展示自己的个性。而网上班级显然具有这一功能。

八、小花样,大精彩

很多人觉得小花样只是"末技","华而不实"、"哗众取宠"、"不是正业"，乃至不以为然，从根本上说，这其实是他们想不出、运用不了、怠于思考，甚至心存妒忌，拒绝进步——不屑于小花样，那倒是拿出点大谋略来？难！世界上究竟有几件大事？班级生活中究竟有几件大事？即使有大事也一定是小事发展成的，而一些小技巧小花样，往往能起到意想不到的作用。

事实上，小花样并不小，是有着深刻的心理学基础的，可以算作心理学中的一种团体游戏，甚至部分小花样在一定意义上可以算作"技能拓展训练"。这就是说，众多小花样本身就是一种心理咨询，或者借鉴了心理游戏和素质拓展训练，不同的小花样往往可以解决不同的问题，给成员以深刻的心理感受。

可以推荐几个小花样：1.我给同宿舍/邻宿舍/班级打壶水；2.我给同学写封信；3.我为宿舍/班级做件事；4.班级愿景墙上写，宿舍愿望门上贴；5.我给班级投个稿/写首诗/写首歌；6.给×××同学挑挑优点；7."许愿瓶"，写好心愿后投入一个箱子，谁抓到这个心愿必须帮他实现；8.拍个小 DV 剧，拍个酷酷的照片组合；9.真心话大冒险；10.一些小游戏，进行一些小对抗……当然，特别指出，一些惩罚性质的小花样更要有，比如做错事的罚跑圈，不打扫卫生罚背单词，输了比赛罚请全班吃雪糕，罚唱歌，罚擦黑板，宿舍长跟着连坐，班长跟着连坐……形式会很多很多，关键是一定要有创意，让成员能接受。

辅导员该是幕后的编剧和导演。一般来说因为阅历原因，学生多半不会有那么多想法，没有太多的好主意。同时，这些小创意开始实现的时候并非都那么有趣，有时还会让人难为情。这时候，我们将给班级以信心和支持，我们需要用经验和能力给班级提供实质性的帮助，帮助他们实现那些有趣的小创意。

九、舆论领袖和非正式组织

一般来说,班级干部靠选举产生,是班内民主的产物,可以代表班内民意。但就实际来看,即使班干部是民主推选的,在班级仍会产生有较强影响力的非正式组织,乃至产生持不同意见的舆论领袖。非正式组织是一个组织行为学概念,一般来说是以爱好、兴趣、地缘(家乡)、同宿舍关系等联结的组织,若把学生干部比喻成庙堂之上,非正式组织则是江湖之远。而就实际影响力来看,学生们为了成为非正式组织中的一员,往往具有更大的自我约束力或者奉献精神,希望得到小圈子的认同,乃至在非正式组织和班级管理发生不统一时,敢于为非正式组织站台呐喊,具备大无畏的牺牲精神,乃至产生较强的对立情绪和破坏力。舆论领袖可能直接产生于非正式组织,在一个小圈子中说话有影响力,说服力,能代表非正式组织的意志;也存在一种脱离于非正式组织的单个舆论领袖,虽然这个同学可能没什么很好的朋友,但他能言会道,对一些问题有着独立见解和不同的声音,遇到问题时其他同学愿意听听他怎么说,对于一些勇于挑战现有管理者的言论和举动,普通同学可能会被"煽动",跟着起哄。

非正式组织和舆论领袖是不可忽视的力量,反过来讲,如果能得到他们的认同,无异于如虎添翼。辅导员和班委们需要做的是:尽快分辨出班里有哪些非正式组织,尽快找出舆论领袖,"分而治之,各个击破"是基本原则,参与班级治理是基本手段。班级管理者姿态要低,态度要诚恳,说出自己的困惑,寻求他们的协助,要让他们从班级管理的大局上思考问题,这会起到意想不到的效果。一个优秀的班集体,一定是班级管理和舆论文化和谐统一的集体,一定是一个班委会和非正式群体有恰当合作方式的集体,一定是一个班级导向和个人舆论领袖相呼应的集体,一旦达到这个层次,没有什么可以挡住这个班级。

舆论领袖和非正式组织是自然形成的,而形成的目的绝不是和班级管理唱反调。而你一旦能得到他们的首肯,就能利用他们的巨大影响力去影响每个同学,大大节约了管理成本和精力,产生班级和谐发展的正能量。

十、别忘了"少数派"

多数人的意见是一切么?

所谓的集体,最基本的要求就是每个人需要隐藏棱角,牺牲小我,成就大我。从这个意义上讲,为了集体而去改变小我甚至牺牲小我是值得提倡的品质。大学生更会认同所谓"民主"的概念,如果大家都同意的事,这不就是民主吗?这不就是合理吗?某个人不同意也要同意!

这本身是对的,集体需要让一个人的声音湮没,形成集体的声音。只是思想家告诉我们,不管某个信念被多少人认可,也一定有人不认可;不管某件事有多少人拥护,仍然有人反对。这时候,个体的力量如此微小,他会被集体的力量所压垮,他会成为集体意见的牺牲品,演变成"多数人对少数人的暴政"。

这里,我只是指出这个问题,在班级管理中,集体的概念应该大于个人,但同时也应该关注某个人的不同意见,不要简单粗暴地忽略甚至反对。对异见者的容纳,是班级管理真正走向成熟的标志。要明白这样的道理:异见者并非阻碍集体的力量,而是从更高层面上考验着集体的包容度和同化能力。异见者不能被集体所抛弃,反而更需要尊重、包容,让其在集体中拥有自己的位置,让每个人都拥有自己的生活方式。

都是同学,我们真不能让"民主"等于"暴政"。对于辅导员来说,其意义更加重大:大多数其实不用管,极少数是工作中的难点,这就是所谓的"特殊学生",但是,这些又是些需要宽容的"特殊学生",绝不可选择性失明,故意看不见。

我们习惯从十万英尺的高度看问题,梦想把自己的教育理想照进现实,为之孜孜不倦却不断失望。我们该认识到,一花一草皆世界,我们的出发点和终点必须是学生,他们的世界如此宽广,走进他们的内心才能做出正确的选择。回归学生、回归班级,不是抱残守缺,黔驴技穷,无计可施,而是正本清源,回归大道,以道驭术,找到教育的真谛。

谈班级学生干部（班干部）的执政能力

人民推举你，就为人民执政，造福一方人民。同学推举你，就该让班级政清人和，嗯，或者叫活得舒坦。

百度百科中，主管某一事务，即为执政。暂时借用"执政"这个词指代管理班级事务——还真想不出更合适的词。

首先弄清的一件事是，班级执政为了谁。为了学校？这理由未免有点冠冕堂皇到扑哧一笑。为了个人？谁也不好意思这样说。比较靠谱的是，所谓班级执政，就是为了同学。嗯，为了一群同学做一些事，甭管说是执政，还是服务，为同学做事是快乐的，同时获得自己的成长。用管理学的话说，这就是集体目标和个人发展的统一。

执政应该秉承何种原则？是无为而治，还是天行健君子自强不息？答案是，需要有为地执政，和谐与成长是执政的最高目标。无为而治肯定是不合适的，这是事物的最高级阶段，事实上还没有人类的哪一种集体生活可以达到。一些表面的无为而治可以看做有为更深层次的表现，看似无为，其实以前已经为之。自强不息式的有为是必要的，只不过方法上要借鉴于"无为"。

都是学生，凭什么你就是"领导"，你就能"管理"我们？契约理论既然都可以解释政府行为，何况一个小小的班级自治问题。学生干部既然是大家选出来的，退一万步来讲，是学生们把职权赋予给你，你就该为班级把好舵。

执政的技术，更大于执政的理念。看惯了所谓的"以人为本"，但办个小事都要你提供一大堆资料，这叫什么以人为本？所以，执政技术很实在，甚至实在过执政概念本身。

班级执政离不开两个元素：同学和老师。根植于同学，同步于老师，班干部在执政中往往困惑：到底我为同学办事，还是为老师办事？这种困惑曾经很普遍，如果看出其中并无对立关系，顶多算是个零和博弈；其实真正的还是共赢博弈，三方可以共同获益。说白了，搞对立和搞零和，还是不理解班级执政"度"的问题。

这是学生干部比较困惑的问题：如果什么事情都和老师说，在同学中就是一个"泄密者"，被同学眼神开除；如果什么事情都不和老师说，在老师那里难免觉得心思不一致，若是出了大事，老师要狠狠追责。究竟怎么办比较合理？

原则很简单：自己能处理得了的事，自己把握，不必告知老师。一些鸡毛蒜皮的小事都要和老师去报告，不但会受到学生的鄙视，在老师那也会落得爱搬弄是非的印象。自己处理不了的事，自然要报告老师。在自己力有不逮的时候，当然要求助于外在资源。由老师出面，可能问题能得到迅速有效的解决。而一旦避免的是大问题，得到同学们的理解也不是很难的事。

一个聪明的老师，绝不会逼着学生干部成为"告密者"。当然，他将教会学生干部如何判断一件事。而学生干部也必须会判断，如果连一个事件的性质和严重程度都判断不清，那要学生干部有何用？从老师来说，要撤；从学生来讲，要废。

根植于学生中间，学生干部最不应该做的就是得罪同学。依靠贩卖情报受宠，绝对不会长久——别忘了，你就活在学生中。

说完了师生的关系处理，再谈谈压力问题。一个学生干部，可能为同学们做了很多事，可同学们就是不领情，怎么办？我来告诉你终极答案，忍受这种压力，这是必经之路。

如果你做了好事同学却不领情，首先需要从自己身上寻找问题。为什么大家看不到你的好？如果每个人都误解，那更要反思，是不是自己的表达方法不对？如果也不是，那么就要问问，为什么大家也知道你做好事，仍然不领情？我来告诉你，这是高境界的知识，弄明白一点，受用终生。

执政需要有为，有为的执政需要理解。如果不理解，也需要做正确的事。孔子说"明知不可为而为之"，大概就是这个意思。虽然我们或许没那么高的道德水准，但是做正确的事，为正确的事承受压力，总不会是坏事。

一句话，做多大的事，承受多大的压力。能化解的压力化解，化解不了的压力承受。什么都不作为，自然不必有压力，那么你同当今的很多官僚有什么本质不同？

班级执政的方法，当然不同于政府执政，原因就在于都是同学。我们说需要做某个同学的思想工作，你以为真能去和他面对面地批评教导吗？开玩笑，这是找事去了。大家都是同学，你凭什么？但是我要告诉你，你凭的就是公众赋予你的权力——但是，事情显然不能这么做。

这就到了怎样具体执政的问题。

班级执政，应该有些具体的方法。而运用方法的前提是，你充分掌握情况。这就是第一个问题，班里每个人的状态你知道吗？班里面谁遇到困难了你知道吗？班里面谁现在需要帮助你知道吗？连同学都不了解的人，何谈执政？

去了解每一个人，去了解你需要执政服务的群体，这是所有的前提。总听见很多干部抱怨说同学们都不听我讲话，班会开不下去——你了解这是为什么吗？那是因为你的心态完全是干部心态，而并不了解普通同学。即使你曾经努力了解普通同学,但你并不了解每个同学。一个都不了解同学的干部,想让大家统一思想做点什么事,怎么可能?

一个班里,谁也别装大尾巴狼。你别居高临下地批评我,我不是你的下级!很多干部曾经被这样顶撞,虽然他们本意可能根本是好意。

如何做同学的工作?了解他们,交朋友。

如何让班级团结?班里多举办一些活动,一些有共同愿景的活动。即使不可能得到所有人的认可,但团结一大部分,就是执政的最大成绩。

这也有一个话题:你不可能让每个人满意,但你可以让绝大多数满意。

一些集体活动,本身是班干部策划以及控制能力的体现,同时也是大型的"集体咨询"。集体是一个能治病的地方,它可以给人很多温暖,当然前提是有集体活动。有些班干部抱怨,我们班人散,活动组织不起来。我可以告诉你一句话:你组织不起活动,人心更散!

班会都开不起来的干部,还叫干部吗?班会是班级生活的最基本形式,最基本的丢了,其他还有什么意义?

班会对一个班级的作用很重要,问题是班会之中,很多人不以为然,还蓄意捣乱,怎么办?最"水"的干部是在班会上大声呵斥,利用现场的难堪让人安静,反而会制造更多的麻烦。高水平的干部怎么办?简单,找出给你捣乱的分子,"各个击破"。开诚布公地私下和这些同学谈谈,取得在行为或者态度上的支持,这不就行了。我告诉你,捣乱分子最害怕的就是朋友。如果捣乱分子都变成朋友,放心,顶多大家拿你调侃,你的班会不但会继续进行,甚至会突破性进行。

班长取得绝对权威的班级里,团支书做什么?

班团制度类似于党政制度。有些人说我们的制度有问题，党政两条线，产生很多问题，我看不是如此。党政的互相制约，有厂长也有书记，有连长也有指导员，有班长自然要有团支书。这种设计其实能有效解决很多困难。问题是，班里面普遍班长强团支书弱，这样的现象对吗？

团支书干吗的？团支书显然是做"思想工作"。怎么做思想工作？告诉你，你的职责和班长完全不冲突，思想工作的空间很大，大有可为。

思想工作，是特定时代所制造的一个词，但我想还没有一个词能比"思想工作"表述更准确。无论是安全稳定、情感问题、思想状况、生活困难、同学关系，还是入党评优、就业工作，等等，都离不开"思想"两个字。任何时候，思想对于行动的指导意义都是不变的，那为什么有的团支书就觉得自己什么都做不了？

只能说明，自己最起码在以前没有好好思考，导致无为。

思想工作，当然需要技巧。最高明的技巧应该是：你了解每个人，然后在日常交往中，以无形的方式去帮助他，改变他，甚至让他感觉不到你的存在。这就是我说的最高境界的有为，就是表面的"无为"。

怎么感觉当学生干部有点"贱"，我还要想办法去取悦别人？如果这样想，纯属于官僚遗毒，弄不清自己的位置。你就是一个学生，你和社会上的人不一样。你就该为人服务，因为你是同学选出来的，这是责任，也是契约。

默不作声和有为之间的辩证关系说明，不是什么都做不了，而是你选择做或不做。想起电视剧《仙剑奇侠传》中，酒剑仙问彩依：你用千年修行，换他（刘晋元）十年寿命，这样究竟值不值得？彩依说：没有值得不值得，只有愿意不愿意！

为了你，我愿意。

因为，你是干部，因此神圣而光荣。

做干部，除了付出，还能得到什么？虽然功利，但这是事实，我需要在干部生涯中获得什么。

很多人有这样的利害算计。如果什么都不能得到，当然也不正常。集体目标和个人成长之间本该是相辅相成的，你为集体做事，当然个人要获得经验上的积累和人生成长了。

游戏中喜欢用"经验值"代表游戏技巧的提升和游戏体验的完善，没错，人就是舞台上的一个角色。你做得多，当然经验值加得多。经验值多，当然升级快。而升级之后，显然不会还在同一个起跑线——你提前了一大截。

各种复杂矛盾和纷乱的事宜，是一个人经验提升过程中必然遇到的。在执政过程中受到的非议和不满，确实是改进自己的良药，虽然当时肯定苦口。但是，你做了，他没做，你拥有的，就比他多。

受到的质疑很多，一种可能是工作方法不当，另一种可能是做错了事。一个人需要自知，最起码要弄清做得不好和做错之间的区别。

中国是一种大政府制度，政府要为社会生活中任何一件事买单。但班级显然不是。每个人都是平等的个体，班干部需要为班集体的进步买单。在可实现范围内，集中把班里面遇到的困难和问题解决完毕就 OK 了，还不涉及衣食住行等民生问题，每个人的问题主要靠自己解决。

但是，如果班里面有个同学特别贫困，但没有一个班干部知道，那么，这除了叫失职还能叫什么？班干部不是什么都管，用不着。但存在的问题看不到，只能说明态度不好，或者能力不济。

组织活动，人心不齐怎么办？一句话：争取大多数，关注极少数，放弃极个别。放弃极个别，有时候可能需要老师介入——这是在你力不能及的范畴了。当然，具体情况具体分析。

都举办点什么活动？海了去了。我有拙作一篇，一百多种活动，可以在以下博文(地址：http://jiahaili.blog.hexun.com/48284315_d.html)中任选。

现在还为什么活动发愁？那只能证明决策能力有问题，或者领导班子(班委)有问题。如何做个决策，哦不，应该叫做决定，这该是很基本的问题。

制度文化管人，远远高于人管人。所谓的制度文化，就是班风。

所谓的班风，并不是什么人就要产生什么班风，有的干部很不负责任地说：我们班人就那样，所以班风……言外之意他忒不幸。这绝对错误。班风需要引导，引导需要讲、需要做、需要以身作则、需要身先士卒、需要沟通、需要诚信、需要具体事件的承载。再熊的部队，到李云龙的手里，都是一群狼。李云龙的部队，交到某些国军指挥官手里，可以迅速完成从狼到熊的转变。关键是，风气、精神、气质——班风。

抓班风，从来不晚。有一种思想，我们班已经这样了，我能怎么办？你能做的，就是一点一滴地办。

"班风"是一个让人骄傲或者羞愧的词。或许一个班级的执政能力无法量化考量，但从别人口里提到的班风情况，已经做了最好的评价。

最后说说领导班子，就是班委。

班委的多少，和班级执行能力无关。有人认为，班委越多，班级越容易管，其实不然；班委越少，越好统一思想，那也不见得。

领导班子的团结，是班级凝聚力的基础。而班子的执政能力，直接决定班风。

班子的意见可以不统一，但一旦做出决定，就应该把自己的不同意见收起，全力捍卫集体的决定。这在党政机关是很基本的常识，但学生未必了解。有的班委认为自己的建议未被采纳，觉得自己比较委屈，不支持班委的工作，甚至拆台。这是最糟糕的表现，连基本原则都不懂，还做什么干部？

我正在解决班级没活动的问题，你说班里同学太散；我正解决凝聚力问题，你说班里做事效率低；我正在解决效率问题，你说怎么定了那么多规矩；我说精简制度吧，你说我们班里的干部都不知道整天闲得干吗——同学们的要求总是无穷无尽的，这样当干部会累死。辩证法告诉我们，解决问题的方法是抓住主要矛盾。

什么是主要矛盾？在我看来，可以赋予明确的风格化，而不必拘泥于一个范式。比如说某一个班级赖以自豪的就是成绩，那么班委就抓成绩；某一个班死气沉沉，班委就重视举办一些集体活动，让班级活跃起来；某一个班篮球打得好，就从篮球入手激励班级成员；某一个班有爱动脑的，就从创新活动做起。一旦形成文化，这就是班级的班风；一旦形成班风，将贯穿执政者的风格。

任何一种风格，最终都该是激励人向上的。殊途同归，方法可以不一样，但如果能带着一个班奔跑，就 OK！

班委的分工问题是个有趣的问题，本来分工明确，但有的工作事情多同学买账，有的工作事情很少同学都不搭理。造成这个结果，我想首先班长要检讨，自己在分工上和工作量的分配上是否合适？其次，当事者自己需要检讨，活多活少自己理应知道，不干活，接触的事情少，权力就有限，同学当然不搭理。

说班委分工问题有趣，是因为它不必符合管理学的一般原则。任何时候，权责明确都是管理学基础，但在班委分工上略有不同。更合理的方法应该是，班委是一个团队，每个人虽然有分工，但更应该注意整体。或许某项工作在分工上并不属于你，但既然受指派接这个任务,就该以自己是班委本身的态度完成。班委是个团队,应该讲究整体。个体的职能应该根据团队愿景进行变化,而不该只守着自己的地盘。

之所以这样处理,是因为大家都是学生。工作人的团队精神更多是在本身职责基础上的协调合作,这是建立在精细强大的社会分工基础之上,还有着专业技能等很多制约。事实上,对工作人来讲,权责明确,尽自己的本分才是正道。但对学生来讲,团队应该是第一位,虽然每个人被赋予了不同干部的种类,只是因为"称呼"而做了干部,用集体力量解决问题才是解决之道,分工的地位要退居次席,因为大家本来就是同学。

理解这一点,班委成员的本分工作不能丢,但更多服从于团队决定。

班长也就解决了自己没人手的问题,各个部门也就解决了没人手的问题。

这也是很有趣的问题,班干部自己手下该有人手吗?我听到过班干部抱怨,想做个活动,都没人帮我,我就一光杆司令。我忍不住窃笑,怎么,还把普通同学给你当人手?整个班级就一个官僚体系?对于班委来说,每个成员应该互为人手。文艺委员举办活动,包括班长等所有干部都应该是他的兵,换做任何干部举办活动都一样。你们就该相互为对方的头,相互为对方的手,有个词比较准确地表达了这种关系,叫"团队"。

同学们不理解班委怎么办?凉拌、热炒、冷拼、蒸焖煮等等,不管你怎么办,就该让普通同学理解。即使仍然不能理解,最起码,要获得谅解。连谅解都达不到,那你这班委究竟有什么可以让同学们信赖的?

身先士卒,率先垂范,从来都不该是个专门的问题。班委就该这样！如果你做不到，就不要去要求别人。

班委可以处理很多事情，但班委不是大政府，不是任何事情都要管。每个班级的情况不同，在哪些方面需要有作为是需要商讨论证的。

给班里成员自由，你真的了解这句话吗？有一句话我曾提过多次，看你怎么理解：所谓民主，就是多数人对少数人的"暴政"！

不要以为我在危言耸听，班里面，就应该有那么一两个不服从集体的同学，或者也可能是不合群。对于这样的同学，你，班委，告诉我怎么办？

不要简单地用"为了多数人好"这样的理由去忽略他们，事实上，当代青少年追求的"个性化"，本身就讲究个体。遇到他们，需要的不仅仅是动之以情、晓之以理，更需要个别化对待。

所谓个别化对待，核心就是一点：满足他们的需求。你需要了解他为什么要表现出个性化的一面，他到底需要什么。唯有如此，你才能真正知道怎么办。

个别人虽少，但做他们的工作甚至有可能占用你很多时间。但是，既然你有为同学服务的宗旨，这就是一种职责。另外，我可以负责任地告诉你，个人能力的增长，往往就来自你与少数人的交锋过程之中，可能获得更多的经验值。

同样是班委，在老师和同学眼里，看他好，看我不好。而他明明只说不做，我却是个冤大头，既干活又受气。这怎么办？

其实这个问题，既是技术问题，更是认识问题。所谓技术，就是你是否也有一样展示自己的技术？没有，就要去学习。闷着头干，一点都不懂表现，本身也是能力低下。既要会做，也要会表现。

所谓认识问题，可能就是你的错觉。

如果不是错觉，那么问题更简单了。一个人可以在一时蒙蔽所有人的眼睛,但不可能所有时间都蒙蔽所有人的眼睛。不管当下对一个人判断如何,可以肯定告诉你,时间是最公正的裁判,你做没做,他做没做,或许开始并不清楚,但时间一久,每个人都会清楚。如果你做了,要相信自己终会获得认可。

"看到这群人就烦,没一个省心的。"如果你这么想,或许你不适合做班干部。班干部就要有冲上前去和人打交道的冲动。

班级财务本来不是什么重大的事情,因为本身也不会太多,过手的人多,其实出不了什么问题。但是,作为普通同学审视班委的,班级财务明了是必须的。否则,也许你不小心弄错一块钱,但仍然可能被扣上"贪污"的帽子。

伸手动班费的干部,估计未来真的当了干部就害了你。因为双规、牢狱、羞愧难当终会找上你。

一个人管钱,一个人管账,每次取钱都有签字,每周班会可以顺便说明一下本周班费花费情况。OK,就这么简单。

班长开班会天经地义,虽然当代大学生很多班级极其松散,班委更是散漫,开班会成了一种传说。

班长作为领头的,必须知道自己付出要更多一些。

当遇到大是大非问题的时候,班委就该拿出立场。我从不建议班委脱离同学,但是,我更瞧不起分不清轻重,在自己糟糕判断力情况下,容忍同学犯下大错的干部。

班干部管理一个班,也许比学生会管理一个学校更难。这不夸张。

班委执政还有一个工作途径,就是通过宿舍长(寝室长)做工作。有些时候,宿舍长的权威甚至高过班干部,班干部想要弄明白一件事,他们是一种依靠。

不管班干部一个人在外有多么风光,在班里就是一个普通同学。

人民给你权力,不是让你来风光的。水能载舟,亦能覆舟。这一点在班级社会里没什么难度。

多想生活像拍电影一样,下个镜头便是:多年以后,多年以后……你还记得我这个小小的班委吗?记不记得,当然由你。

或许,这小小的班委经历,留下一生难忘的记忆。

第三篇

获得领导力的十个建议

写在前面 ❖

　　有时候,我们戏称辅导员是 CEO,手下动辄二三百人甚至更多。有人说,当过辅导员,管人就不是问题,这倒不算吹捧,因为辅导员有太多的机会进行实践,站在不同维度感受不同的问题,虽然面对的只是学生,但人类的行为模式是相似的,这些经验可以迁移。然而与企业管理不同的是,辅导员是老师,必须拥有老师的职业道德:宽容,助人,成就别人,一定不是以获得学生创造的最大价值为目的。这就要求辅导员在老师的身份之上,在"恨不得""赶不走"的情况下做管理工作,需要更多的能力和经验。想管理几百个学生,尤其是个性化极其发达的今天,这事何其难也。我们需要帮手,这帮手是学生,这部分学生叫做学生干部。

　　辅导员和学生之间既是师生关系,但又类似于上下级关系。不管哪种关系,领导力都是题中应有之义:如何让学生尊重,尤其是如何让学生干部尊重并追随,成为衡量一个辅导员水平高低的标志。

所谓领导力,就是指领导者获得追随的能力。就实际来看,辅导员老师和学生干部构成了完整的组织模型,因为有明确的角色定位,辅导员可以充当天然的"领导者"。但是,不是每个领导者都能获得追随。有的辅导员获得了学生的认可,有的却被学生不断非议。

"士为知己者死"是领导力的最高境界。只是在很多人看来,这是一个谎言,根本不可能。而生命中的某个时候,我们又确实体会到那种为了某个有知人之明的人全力以赴的纯净而竭力的心态,原来一个人真的可以为另一个人付出一切!我们要把这种感觉传递给学生干部,让他们也能体会到那种震撼性的感动,让他们心灵也受到洗礼,让他们也愿意放下很多虚荣,让他们也获得这样纯净的心理感受,让他们也能全情为你搏一次!我们能否想办法激发他们的真诚或潜力,或者理解为,我们能否获得学生和学生干部的追随和尊重?

一、己所不欲、勿施于人

很多人鼓吹"知易行难"——本质上还是"不知",否则,知道的事怎么就做不到?比如说所谓"己所不欲、勿施于人",一万个人会有一万个理解,有些人还整天标榜吹嘘,还能和"以人为本"结合云云,却不一定真的认同,否则怎么会谬之千里?这样的情形在不断上演:"×××,这几天你帮我盯着他点,这个学生有问题,你看好他。""你可是干部,他们(普通同学)喝酒就算了,你怎么也喝?把自己是谁都忘到脑后边去了吧!""这么多人要打架,你就看不出来。你打电话就晚,都打起来了,要你有什么用?""你今天给我报的考勤又不对,×××明明逃课了,你不报,他是你的朋友就能照顾了? 你就不能负责任点吗?"

站在"领导"的高度,以上每件事都正确,因为确实正确。可是这样的"领导"也只是职位上的领导,不可能是别人心中的领导,更难以获得下属的拥护和支持;更何况你是"老师",而老师最大特点就是宽容,给学生成长的空间。如果你要做一个有领导力的老师,以上这些事,没有一件做得对。

该怎么做? 每次安排事情,先问问自己能不能。我在做学生干部的时候,最反感的就是老师让我当"间谍",偷偷监督某个人,每次一定是无从选择,消极怠工(当老师后发现,这件事并不是道义上的偷偷摸摸,相反确实是在帮助别人,可那个时候的我绝对不这么想);同学聚会喝酒,每个人都喝了,我就能搞"独善其身",滴酒不沾? 这可能吗? 每天上下铺的兄弟之情比不过一个"干部"名声? 出了些事,大家义愤填膺,摩拳擦掌,想要大干一场。这时候你犹豫着,苦恼着,是否该告诉老师? 但另一个声音又在说:你是叛徒,你是叛徒! 报告老师固然有其道理,但自己都不做努力,就这样把同学们"卖了",以后怎么面对同学? 今天的考勤我替三个人隐瞒了,确实是这么回事。可是,他们是我的最最最好的朋友,我这个忙都不帮,我这个最最最好的朋友还是他们最最最最好的朋友吗?

老师当久了,容易站在道德的高度审判,看不到那些事自己也曾不好选择,就简单给干部们一个对错。有些事也许他们做得不对,每件事都该有"正确"的方法——可一定还有"更正确"的方法。在没有找到那个方法之前,先检讨一下自己,是不是在推己及人方面出了问题。

二、教他们学会判断

那么，上面几件事，究竟该怎么办？

与其说是方法，不如说是认识。记住，他们还是学生！

我是这样处理的：我不要求学生干部做"学生"身份之外的事，我不会要求干部做间谍，不会让干部假装独善其身做假装的"楷模"，不会让学生干部做他们想不通的事，不会让学生干部扮演让他们难为情的角色，我也不会责怪学生干部擅自处置一些事情。但我有一个前提：你必须学会判断。我可以完全相信你，我不会对你提过度要求，我只希望你的判断正确，你能把事情解决掉；但判断一旦错误，你则要承担后果。

所谓的判断，就是指学生干部需要知道自己能做什么，不能做什么，哪些事掌握哪些度。学生干部不是间谍，某个具体人有问题时，我们需要学生干部去协助了解这个人，就把最终的目的告诉他，让学生干部自己判断该怎么做。一般来说，学生干部不愿意去干"偷偷摸摸"的事。但一旦他发现这个同学真有问题，做这件事真的有意义，他真的有必要关注，这样做真的最终会帮助那个同学，他会有自己的选择——最终使用的方法可能也是一种"跟踪监视"而拿到一手信息。但这和"间谍行为"有本质不同，这是学生干部通过自己的价值取向选择的结果，是自主不是被动，是监督不是监视。

同学聚会，每个人都喝酒了，学生干部当然也要打成一片，该喝点就喝点吧，但你需要知道：你必须对自己的喝酒行为有所把握，不仅如此，因为你是干部，你有责任而且责无旁贷地要对所有同学的喝酒数量进行控制——别喝多，别出事。有人在闹矛盾，好像有动手的苗头，干部首先要自己有觉悟，不能加入到冲突中去。其次判断一下这事严重程度,是自己就能解决,还是必须寻求外援比如联系老师。

当然,给学生干部这样大的权力也可能造成局面失控——那只是一种可能。但另一种可能是通过学生干部的努力把事态平息,这不正是学生干部获得锻炼,干群关系日趋和谐的必然过程吗?

再说说失控问题。奇怪的是,我做辅导员的几年里,一次失控的事都没有发生。我的学生干部会力求凭自己的力量把问题解决,实在解决不了也是在事情没恶化的时候寻求我的支援——你要相信他们,他们有自己办事的方法,有自己的判断。他们根植于学生之中,了解所有信息,知道如何与人相处,了解每件事的进展,懂得学生处理问题的方式,能判断到底是否需要你的协助。

最后一点,我绝不会逼着学生干部用出卖自己朋友的办法换取自己的免责,不仅不会,还会告诉他们这种行为让我鄙视。相反,在一定时候,为了朋友"两肋插刀"才是真性情。比如上面记考勤的事,学生干部故意没记自己三个要好朋友的考勤,这确实不对。但我的处理是:第一,我不逼迫他说出究竟谁在逃课,他选择替他们隐瞒,这才是"朋友",我给他这个空间;第二,但一码是一码,对他我还是要处理的,因为他刻意隐瞒,必须为这件事负责;第三,他选择为朋友两肋插刀,就要知道自己真的会疼,而这样的疼,不仅能让他在朋友圈里受到认可,也有利于让他的朋友不再做为难他的事。而这件事的本质,是真正教会学生干部学会担当。

教会学生干部学会判断是有意义的,"磨刀不误砍柴工",利刃出鞘,所向披靡!

三、他们与众不同

他们是学生干部,他们源自学生,但他们又不同于学生——你必须时刻认识这一点,给他们尊重和爱护,维护他们的权威。

对于普通学生要喋喋不休讲很久的事,对于学生干部却可以言简意赅,你要告诉他,因为他们是学生干部,相信他们具备更强的理解能力和更高的觉悟,一点就通;对于普通学生要说更多的"官方语言",因为有些事必须通过"绝对正确"的"官方语言"来传达,但对学生干部却可坦诚相待,用最实在的话,告诉他这究竟是怎么回事;对于普通学生讲自己管好自己就行,而对于学生干部来说要不断讲他要为别人服务,为公众谋福利,去照顾别人;还有一件事:普通学生的推优机会一定少于学生干部,这没什么不好意思说的,就是要把这件事宣布给全体学生。因为,学生干部在为大家服务,他们既然能为别人付出,获得更多的机会原也正常。和学生干部有言在先:如果学生干部犯错肯定处理得更加严格一些,因为你是学生干部。

无处不在的强化要造就这种结果,强化普通同学对学生干部的认识,强化学生干部的权威,强化学生干部就是为同学服务的宗旨,强化学生干部自己的使命感,强化他们与众不同。不当的强化有可能造成学生干部的自我膨胀——这恰好是我们的职责:避免发生这种不当强化,否则,要我们何用?

四、灵活是关键

所谓的灵活,就是拿掉更多的"官方色彩",和学生干部坦诚相待。这时,死板的制度固然会存在,但某种灵活也会悄然出现,让学生干部感受到很多不一样。

有一个亲身经历的例子:我们在进行跨校区办学,在未满足教师上下班的基本要求时,是不允许学生搭乘校车的。一天,学院让新校区的一位大四学生来本部解决一个学院网站的技术难题。这名同学想坐一下校车，就找到他的辅导员。而这名新来的老师，知道在当天校车是最挤的一天，学生很有可能不允许上车，就直接跟学生说：这事我办不成，你上不了校车。学生只好悻悻离去。

戏剧性的一幕发生了，当天，这名老师也来本部开会，结果会开得很晚，错过了校车时间，没办法回新校区了。就在这时，学校一辆轿车落下车窗，招呼她上车，她一看，竟然是这名学生。这个学生在协助解决了学院网站难题后，学院领导派自己的司机送他回去，学生就在院长的车里。这位年轻的辅导员感慨万千。好在终于有车，搭车回去了。

然而她不知道，这名同学在心里对这个老师特别"瞧不上"。毕业后不久，这名同学来看我，眉飞色舞地讲起这件趣事，我才得知有这故事。他还说了一句话：贾老师，我知道如果是你，一定会给我找校车去。其实我知道，你也不一定能找下来，但你一定会去找！

我哈哈大笑，果然当过我的学生（我曾带过两年，后面两年是那位新辅导员带的），深谙我的套路。不错，正是如此。学生既然来找我，如果不是违反大原则的事，如果有一定的程度可以"灵活"，我肯定不会给人一口拒绝，我绝不会没努力过就说"不"。当天的那种情况，即使我去找，校车司机也不会答应我的请求，可不同的是我一定会去找。然后，我会再打一遍电话，问谁刚好出去办事，把这个学生带上。我一定会这么做，虽然结果仍然可能是没办下来，但学生心里念我这份情。

那位老师并不知道，可能很久都不曾悟到：这件事本来就是学校的制度，自己没做错什么，而其他该做的她都做了，可学生们为啥不领情？这样一件小事，很小很小，却直接得罪了一个出色的学生。对于一些学生干部，尤其是一些优秀的学生干部，成熟度甚至比老师还高的学生干部，干工作千万不可死脑筋，"灵活"是获取他们认可的最关键。

五、激励术之一：讲学生干部自己的事

"激励"有两层意思，一个是"激"，一个是"励"。"激"为核心。

人都有这样的行为反应：对于和自己没关系的人或事不太关心，而一旦是自己周围的人发生某件事，就格外上心，情不自禁地对比。而人们又常发出一种感叹：他（能力）还不如我呢，我怎么能混得比他差？

对于学生干部来说，"谁也不服谁"更是基本状态，毕竟都是同龄人，有着相同的级别，每个人各有长处，而别人的缺点也看在眼里。学生干部更容易在心里给别人和自己一个定位，一旦发现别人做到了而自己还未做到，不自觉地产生的感情不是愿赌服输，而是我就是不服，我要做得比他好。

所以，我激励学生干部的时候，通常"圣人"（全能者，学生干部中极少数最杰出分子）和"先贤"（学生中做得非常不错的上任干部）的故事只讲一小部分，更多的是讲现任学生干部自己的事。讲讲这个部门这个同学做的哪件事创意好，讲讲哪个部门哪个部长完成了一件特别困难的事。每次我对具体人和事讲评的时候，学生干部听得最为认真。而他们内心其实在剧烈翻滚：我要做得比他好！然后，我就等着其他干部带给我的惊喜。

一个有趣的事：2006级的一个学生干部毕业两年后来看我，讲起当年我夸另一个干部能干，认为我有所"偏心"，到现在他还是不服：你看，我现在混得不比他差吧！其实那重要吗？你可知道要你自己憋着这股劲，就是我的目的？即使随便换另一个名字×××，我讲他干得比你好，你也受不了吧。这激励简直无敌了！

六、激励术之二：讲故事的人是老师

"激"是激励干部最有效的方法，可是如果具体操作的方法不对，效果会适得其反。很多辅导员让学生们自己讲"工作经验"，经验分享会就变成"吹牛会"；不管讲得好不好，谁讲得多，谁就属于"最能吹"。好好的激励变成了相互鄙视，大家都会想：原来谁能吹，老师喜欢谁。于是钻营成了导向。

最佳的方法，是由老师对其点评，并不是由学生自己去讲自己。一是学生的眼界有限，站位不高，东西讲出来时价值会大打折扣，甚至让人觉得无从借鉴；二是他们未必分得清哪里是重点，讲起来容易语无伦次，或者难以直接抓住本质；三是自己说自己终究是自吹自擂，有的话能说，有的话不敢说，可能会丢掉有价值的部分。

老师点评某个同学的工作，通过自己多年的经验结合某个同学的具体做法一讲，尤其是以智慧和理论的高度重新诠释一个看似不起眼的问题，立刻有化腐朽为神奇的力量。被老师阐释含义的同学会觉得老师真的理解了自己，很感动；其他听众会觉得老师耳聪目明，老师能看到大家的作为，老师是伯乐，所以一定要做出更好的给老师看。

当然，由老师去讲学生的故事需要前提，就是老师真的要了解学生干部，知道所讲故事的来龙去脉。如果老师讲学生的故事，讲得和学生们知道的完全不是一回事，那会产生反作用：原来老师并不清楚怎么回事。这样的老师，头脑里完全就是一瓶浆糊，何德何能值得追随呢？

七、激励术之三：身教重于言教

我总觉得，一个真正受人尊敬的老师，每一个动作都应该散发着师者的光辉。从拾起地上的一张小纸片，到不埋怨，不抱怨，勇于承担自己的错误的豁达精神，每一个细节都将被无数双眼睛看到，被尊敬你的人模仿、学习。这种潜在的力量，甚至可以从根本上改变一个人的行为模式和价值观。

举个反向例子，某些学生干部作风"泼辣"，方式生硬，完全可以从他的辅导员老师身上看到，比如某些学生干部不敢承担责任，遇到事就千方百计地推脱，多数是辅导员老师就不敢担当，推三阻四；某些学生干部就会投机取巧，谋取私利，不思进取，很有可能他的辅导员老师就很自私，学生干部只是上行下效而已。

而一个能给学生干部正能量的老师，他一定是积极的、乐观的，不随便抱怨；他一定是"技术控"，讲求做事的方法，追求做事的极致；他一定是平等的、和蔼的，不会大声呵斥；他一定是有自省精神的，可以勇敢地去承认自己的错误，并接受该来的惩罚。

只需要一个简单的测试就可以判定你身教的程度：我们要求学生干部不能逃课，但遇到特别紧急的事的时候，我们是不是自己先说这件事太重要了，必须打破惯例，让学生干部完成工作再说？我所谓的身教，倒不是一种死板的公式，而是一种坚守的信念。身教对一个人的影响实在太大了，敢作敢当的李云龙带出的一定是虎狼之师，而纸上谈兵的赵括只能调教出败军之将。

八、一杯茶水，坐着说话

对我人生产生重要影响的一次谈话，内容早就记不清了，但有一个情景无论如何不能忘记。后来，我自己成了老师，慢慢开始体会到这小小的一个动作中蕴含着多少尊重和温柔……然后这件事被我完全彻底继承了。很简单，就是沏一杯茶水，坐着说话。

当时，我还只是个"小干部"，鼓起了一万倍的勇气找我认为"最大的官"——院长。老爷子年岁不小了，我说明来意之后，他就做了两件事。第一件事是拉过椅子让我必须坐着说话，然后他坐在茶几边的另一张椅子上。茶几边围坐的感觉和躲在办公桌后面高出茶几一截的谈话感觉截然不同，那是一种温馨和平等。第二件事是去提了一壶热水（其实热水房就在同一层楼，就算再不聪明的我也知道这时要去帮着打一下水。但老爷子坚决拒绝），拿出了一袋好茶给我泡上，让我尝尝他毕业十几年的学生从南方带回的新茶。那一刻，我被彻底征服了。多年以后，我实在想不起究竟是何种原因让我鼓起勇气敲开那扇门，唯有老院长泡茶时温馨的情景永远深印在海脑中。

那时的我很"生"，就是那种其实什么都不懂但什么都装懂，其实很懦弱但又愤世嫉俗，想来当时的话题也不过就是要声讨一些我看不惯的事。但谈话一直在轻松平和的氛围中度过，回想起来，这是一种怎样的包容和勇气。现在，我也时不时会遇到学生干部来我这"谈话"，郑重其事却又没有实质内容，愤世嫉俗却从未想过自己究竟能做什么。有时我的同事都觉得不可思议，对这种不成熟的孩子怎么还那么有耐心，还能谈得"津津有味"，这不是浪费时间吗？

不是，因为这就是曾经的我。当年我经历过这样温馨的一刻，我就要把这种教育传递给我的学生。或许他成熟，或许他不成熟，其实这无所谓。而一杯茶水、坐下说话的一个小小举动，会让人一下子感觉平等、亲近、有耐心，让人一下子觉得自己受到了尊重。这时，任何种类的谈话都是成功的，也许一次谈话影响一辈子，也许只影响一天，但是，一个受到尊重的学生散发出的真诚和向上的能力是不可估量的。

"一杯茶水，坐着说话"只是一种概括，想给人一种春风拂面的感觉一定需要具体的做法，而这种方法还很多。对于学生干部来说，一次受到充分尊敬的经历足以唤起他内心最美好的情感，想做出点成绩给尊重他的老师看就成为他坚定不移的目标，为了再次坐到一块高谈阔论而以人生的尊严去搏一次，这不是某种虚构，而是人心底最隐秘的尊严。

九、不可滥用的"赏识"

教育的真谛在于赏识，这是被千万次实证了的真理。然而，一些年轻老师，在自己的经验和境界还没有达到一定层次时，批评是使用最多的手段；即使有人开始认识到赏识的巨大作用，却做得照猫画虎，一次表扬反而让学生干部觉得受到了侮辱，从开始就做错。

造成这样的结果只有一个原因，即没有充分了解你要赏识的对象。所谓赏识教育，必须知道要赏识哪一点，必须精确制导，直指内心。某次赏识如果被认为不真诚，学生干部对你的看法立刻大打折扣——你并不重视我；错误的赏识则导致直接结果——你根本不了解我，你这就是在跟我套近乎；糟糕的赏识则产生更糟糕的结果——原来你就是把我当成猴子耍！

某个学生干部完成了某个工作，虽然这种工作没有直接可观的成果,但你肯定他说:我知道一个学生干部最可贵的品质,就在于他总是在舞台后做幕后工作;聚光灯前会很耀眼,但聚光灯后才是真正的舞台,你做到了!某个学生干部战战兢兢地来找你,觉得有某项任务自己做得不好,这时你告诉他:你前期的工作我都看在眼里,你和你的队员连续三天干到十二点准备资料,这才是我最看重的。至于工作效果问题,你的确存在一定的问题,这问题是……批评在无形中进行,不露声色,对于其努力的赏识则会获得学生干部誓死相报的决心,一定把这件事做好!

一句话,赏识需要了解,了解才是赏识。

十、所谓"真性情"

人们外在上表现出的"真性情",本质上是一种对某个行为的夸张,想让别人承认这就是所谓的"性格"。然而,越是表现越是虚伪,生活中的一举一动才是一种本质的真实。

简单解释一下我心中的真性情:只要不违反老师的职业操守,其他所有一切都可以让学生尤其是学生干部看到。家长里短,兴趣爱好,些许小事,只要有时间,和学生干部聊会天其实挺有意思,而他们也时不时带回很多有趣的惊喜。我喜欢看漫画《火影忍者》,有时候和学生聊得火热不忍停下;我曾经打电脑游戏《穿越火线》,周六晚上和学生中的"高手"约战曾是我的一种乐趣;生活中难免会遇到一些苦闷,此时我绝不做"全知全能"的完人,只要不违反职业道德我也会和学生干部抱怨一下;有时候,自己获得了一些成就,想和人分享,谁刚好在我身边我就说给他听;遇到愤怒的事,我也会表达我的愤怒,让他们给我评评理;遇到困惑,我不会觉得说出来就显得我水平低,我会把我的困惑说与他听。所有的一切,不需刻意表现,只是顺其自然。然而,一个真实的你才具备交上灵魂朋友的力量,去获得学生干部发自内心的认同。

一句话,所谓的真性情,就是"不装"。

领导力的塑成,所需的修炼又何止万千。十条建议只是冰山一角,沧海一粟。提升领导力,获得学生干部的认同和追随,和师者之道不谋而合。如果说每一个学生都有其老师的烙印,我们就把最好的东西传给他们,让他们成长为当仁不让的领袖!

延伸阅读

谈谈批评的艺术

如果问辅导员工作中哪一项最能体现专业水准,我会回答:批评。

一个人可能把一件不常见的事做好,但一件常见的事却未必做得好。而我们的生活,恰好是由很少的"不常见事"和很多的"常见事"构成的,一个人水平的高低其实蕴藏在日常的生活中。在教育中,批评就是这种并不容易做好的"常见事",也因此才有"艺术性"。这里,我们来讨论一下批评的艺术。

首先,也是不算问题的问题,即批评的存在是如何成为可能。很多人理所应当地认为,既言教育,就该批评,批评就是教育的本身。但事实上,很多教育大家对于批评提出了不同的观点:批评需谨慎,能少则少,甚至不用。大家的观点令人高山仰止,让人觉得可望不可及。但大家确实提出了批评的最高境界,消灭批评。批评的目标是帮助人认识自己的缺点并改正,我们需要相信,而且必须相信,一定有更高明的方法解决问题,而不需要使用批评。也可以这样理解,批评本身是一种不舒服的心灵体验,我们能否有一种方式,让批评的痛苦感变得不那么明显,在乐于接受的心理状态中让被批评者认识到自己的错误?

这源于这样的事实:一、你可以当面批评,学生会低着头,之后呢,学生会在背后批评你,你却昂着头;二、当你去批评一个学生的时候，只有前面三分钟时间他在认真听你说什么，之后的时间都在心里不断反驳；三、批评是一种说服，而这世界上最难的一件事就是说服一个人，很多学生并非被我们的雄辩而说服，而是因为顺从更利于从场景中解脱，他们只是显得顺从了而已；四、因为你是老师他（她）是学生，他（她）才不得不被批评。与此同时，我们也在接受各种批评——我们的缺点在学生那里会无限放大，他们虽然不会当面质问，却会在背后把你所有的缺点挖掘到彻底无余。以上这些，我是想说，慎用批评，不仅仅是大家提出的教育之境界，也是我们时常需要自省的问题。

如果不用批评，我们该怎么做？其实并没有那么难，谨记以下四点，多练习使用，可以改掉爱批评人的毛病。一、须知赞美比批评更有力量。对学生的一句激励，胜过万句批评。多用赞美，少用批评。二、批评最关键的部分，是让学生认识到错在哪里。我们可以巧妙地让学生了解做错的地方，当他同时发现错误的所在和我们的良苦用心的时候，他的愧疚感会胜过被批评。三、触动学生心中最柔软的地方，是真正的教育。作为老师，我们就该找到每个学生的心房，去和他做朋友一样的交流，让他在不知不觉中减少错误，快速成长。四、面对一个已经意识到自己错误的学生，批评没有力量，而安慰的力量可能大至无穷。一句熨帖的慰藉，你会收获学生一辈子的感激，而学生本人一辈子也不会犯同样的错误。

所以我说，是否使用批评，就是批评的第一艺术性。

其次，谈谈批评的注意事项。既然我们还达不到教育大家的境界，就需要在日常的使用中总结批评的经验。作为批评的施加者，我们必须注意对自己的节制。批评不可情绪化，在批评学生时，正好自己心里有不快，一并发泄，这是大忌，也违背教师的职业道德。批评不可泛滥化，本来是批评学生一方面的错误，但一下子把学生方方面面的错误都拉进来,甚至罗列历史——不排除在特定的情况下需要使用这种方式,但一般的批评,必须避免,否则会立刻引起强烈的逆反心理,有时候也转化成极度自卑。批评需要看场合,公开对某个人的批评相当于在批评本身不良感觉的基础上又宣传给公众,伤害是几何式增长的。有些批评需要和被批评者直接交流,不能让第三个人知道。公开批评还有一种情况,即召集了很多学生公开批评一个行为,不管语言多么精妙动人,听众一般都觉得说的不是"他(她)",就根本没往心里去。对大众批评,就相当于没有批评。

批评前需弄清楚批评对象的心理承受能力,施加压力需适可而止。对于一个自尊心强的贫困生,即使他做错事,批评也该是温和甚至不露痕迹的,因为他处处敏感,内心怕被别人看不起,一点点批评可能导致他心里孤独无援,走向绝路。对于有些非常调皮、懒惰,甚至在家和父母顶撞的学生,则需要拿出辩论式压倒性的批评,用各种语言技巧,声色俱用,彻底打垮他。在道理上他已经辩驳不过去的时候,再施加抚慰,才可能取得预想的效果。

"批评"这个词有两层含义:批与评。通过数理排列有四种方式:且批且评,只批不评,只评不批,不批不评。也有四种顺序:先批后评,先评后批,且批且评,且评且批。在使用中,批与评的组合是十分必要的,八种组合根据实际情况使用,会使批评事半功倍。如果技巧高深一点,可以做到只评不批,让学生自己找到错误。最忌讳的有两点:其一是只批不评,会起到反向效果;其二是先批后评。批是一种不良心理体验,在被批评者不知道什么缘故先被批评的时候,内心反驳之意乃至委屈之意渐盛,后面的评即使再有理,被批评者也会有一肚子怒气,非但起不到什么效果,甚至起到反作用。其余各种情况,可量力使用。

有了以上种种基础,十种批评法方可列举:冷却式批评、暗示式批评、渐进式批评、谅解式批评、幽默式批评、商讨式批评、婉转式批评、间接式批评、压倒式批评、鼓励式批评。实际使用中，每种批评方法各有利弊。我们可能使用一种，也可能使用几种的组合。

这里，有必要专题说说所谓的"抑扬结合"。有经验的老辅导员，批评都不仅仅是批评，之前应该有一段对于学生优点的表扬，在取得相对顺畅的谈话氛围后再行批评。这是一种很好的方法，有效地照顾了被批评者的自尊。但是，抑扬结合是需要功夫的。有时候一个学生本来是被叫去批评的，但因为抑扬不当，反而感觉是被老师叫去夸奖的，错误之处则完全没记住。另有一些时候，抑扬不当则让学生产生愤怒。本是抑扬结合，但因为抑多扬少，学生会认为老师说他的优点是另一种冷嘲热讽，是心里的轻视——我的优点都被你说成缺点了，被批学生积聚心理能量直至愤怒可想而知。

最后，谈谈以何种标准评价批评的效果。批评的效果应该是结果导向的，以下几条可供参考。

一、批评但不伤感情。做到这一点并非批评本身的功效，而在于日久的积累。当你去批评一个尊重你的学生，一般来说他是愿意听听你所说的，而不需先防御再打开内心。退一步来说，我们也有可能批评得不对，但若你批评的是一个尊重你的学生，即使批评的内容有误，他仍旧尊重你，不会因为一次错误的批评就否定你。因为，他尊重的是你这个人。

二、对事也对人。对事不对人是我们为人处世之道，但在学校这个环境中并不适用。我们不但要对事，也要对人。事是表现形式，只是若干种内因导致的一种必然结果。人则是真正的主体，当一个人犯错误的时候，我们就该帮助他找到错误根源——我们的职业是老师，我们的工作就是帮助学生修正错误。

三、不伤及自尊。让被批评者自知惭愧却不伤及面子。这并非多么难的事,不是每一种批评都需要用外露的方式进行的。我们有意无意的一句询问,明明是学生的错误但我们却自嘲一番,讲一则带有暗示色彩的故事或者小笑话,带着学生亲自体验一下他犯错误所带来的糟糕结果,等等。说者有心,听者更有心。羞愧这件事情更有说服力,又极大保住了自尊心,不失为一种好的批评。

五、批评后不再犯同样的错误。一个人在成长的过程中,被惊天动地的大事所击倒的可能性很小,却会被生活中的小事弄得疲惫不堪。阻碍我们登高的往往不是因为山高,而是因为鞋里的一粒沙。一个人的一生中,要不断犯错误,不同种类的错误,同一种错误都会不断地犯。而我们,老师,虽然无法去教给学生避免一切错误,但通过批评教给他避免一个错误,哪怕只是一个小小的错误,这不都是教育的成功吗?而且这是一种大的成功,因为通过我们的努力,学生实现了人生的进步。

六、自我批评。这又是一种人生境界了。通过我们的努力,学生学会自我反思和批评,这意义超过了一般意义的教育。授人以鱼不如授人以渔,帮助学生建立自我批评的习惯,就是在帮助学生"渔",不过这一点,我们理应保持谦虚,和学生共同努力。

批评是一种技术,更是一种艺术。对于辅导员来说,一窥并了解批评艺术的全貌,对我们个人提升和实际工作都有着重要的意义。善用批评,化腐朽为神奇,虽凝结我们更多的汗水,但彰显着作为一个辅导员的专业精神和职业水平。

第四篇

做好学生干部培训的十个建议

写在前面 ❖

　　学生干部培训,也称团学干部培训,主要指对团委、学生会和班级干部进行培训,以促进其成长和发展。学生干部培训在部分高校与"青年马克思主义者工程"相结合,被称为"青年马克思主义者培训班";部分高校与党课培训相结合,学生干部作为主体授课目标参加党课培训,但事实上二者有所区别。

　　学生干部的重要性被广泛认知,但在实际工作中,学生干部队伍建设却存在很多难题,让辅导员觉得无从下手。其中我们感受最深的就是缺乏学生干部培训教材,没有系统指导,培训的质量和效果都无法保证。建立一个学生干部培训的系统教程是非常必要的,这不仅是减轻辅导员工作量的问题,也是对学生干部这个特殊群体的一种促进。

　　当前,学生干部培训的形式可谓百花齐放,内容可谓包罗万象,是否能找到一些内在规律和能被实证的方法呢?本文给出的十个建议,可以给培训者一种崭新的思路,一种直达目标的方法,会有一定的参考价值。

作为一名老师，我想说，我们与学生的事总是太多太多，他们承载着我们的人生价值思考和对于未来的希望。然而，时间总是有限的，接受新事物需要循序渐进，我们会苦恼要给他们讲什么，怎么讲。就目前来看，进行学生干部培训主要有三种主流做法，且各有利弊。

一种是进行思想教育，主要在于"悟"——在哲学和心理学的高度上，结合主讲者个人经验，综合德育教育、人的发展教育、法律法规教育、职业生涯教育，形成一种强大的思想攻势，告诉学生干部该如何区分美丑，如何判断善恶乃至如何思考问题。优点是春风化雨，会让一部分同学"顿悟"。但缺点是大多数时候难以进入学生内心，学生会觉得虚无缥缈，"没什么实际用处"，顶多就是"听听不是坏事"，但"什么也学不到"——做学生干部的同学，内心需要学习一些具体技术，思想教育显然达不到这一功能。

一种是经验案例教育，用主讲者的个人经验和案例启发学生。这完全取决于主讲者的经历，一个经验丰富的主讲者会吸引学生干部的注意力，成功案例可以充分调动学生的"好胜之心"。但缺点是太依赖于演讲者，而且讲起来的东西总是片段的、碎片化的，学生觉得自己大有收获，却又很难说清那究竟是什么。觉得自己好像知道要学哪些东西了，但仔细回味却什么都没有。

还有一种是技术流。事实上，这种培训方式接近于学生毕业后参加的入职培训，所教的东西都是学生在适应新工作时必须注意的事项和掌握的技能。学生干部会非常具体地了解自己究竟在思想、行为上有哪些改变，在个人职业能力、技术能力上需要了解什么，什么样的价值观是被提倡的,什么样的经验可以吸取。这种方式的缺点是把学生职业化了,有时候会缺乏教育本身具备的"宽容"。

但就整体效果来看,第三种最能抓住学生的心,他们迫切需要的是知道如何做,怎么做,大量的技能知识和流程方法能让学生干部产生敬畏感,进而调动起主动学习的积极性。一般学生组织的直接管理者喜欢用第一种方式,学校的高层领导喜欢用第二种方式。而第三种方式比较"累人",一般只有少数对学生工作充满热情的人才会系统考虑。就我个人看来,应以第三种方式为主,辅以贯穿性的思想教育,兼有培训者自己的个人经验分享和成功案例启示,这样才能达到对学生干部最大的教育效果。

我曾对学生干部的培训进行过系统思考和各种尝试,希望建立一套系统完善的学生干部培训方案。现有十个建议可供大家分享。

一、You are nobody, you can be anybody, you must be somebody

这就是传说中的"下马威",我们第一件事需要做的,不是哄着逗着,而是让一切归零,让那些野心勃勃、天下唯我独尊的学生干部认识自己什么都不是! 一般意义上,学生干部都是经过面试、选举或者推荐而来,他们有着比一般同学更有外在吸引力的一面。但也仅仅是外在的吸引力,或许某次恰到好处的面试获得了考官的认同,某次振奋人心的演讲赢得了选票,某次舍身付出赢得了师生的赞誉。但除此之外,还有什么?

每次一批新的学生干部培训,我一定会问他们自己究竟会什么。所谓的面试选拔,在一定意义上是一场"表演"的盛宴,即使能胜出也并不代表你一定比别人强。你有"舍我其谁"的勇气,那我给你一个考题。某地引进一个亿元大项目,能为城市带来巨大的受益和创造数千个就业岗位,是城市多少年来梦寐以求争取来的。现在,征地拆迁工作进入了尾声,所有的居民都接受补偿搬走了,但只有一户不搬走,还悬挂着国旗,高唱国歌,找来一堆媒体,对着国内外记者血泪控诉。而你身为这个区的区长,该怎么办? 怎么,不会办了? 题目太大不是你想的事? 有意思,不是本事大得很吗,怎么到具体问题上就束手无策了? 那么给你换个身边的事,是你们的前辈处理过的真事,特别简单:学生会组织了给全体学生订回家的火车票,结果因为外部原因有三分之一的人票没有订上,尤其是外省偏远地区的票一张都没订上。校园内骂声一片,针对学生会的质疑声此起彼伏,有人说学生会有黑幕,有人说你就知道贪钱不干事,有人在贴吧上对本次订票事件"吐槽",同时怀疑学校在这次订票中有"见不得人的勾当",还有的人把这一切发在天涯、猫扑等一系列论坛上。而你作为本次订票的直接负责人,该如何应对这次公共危机?

一般这时,我看到的现场是出奇的静寂,每个人心里都在想怎么办;同时也在颤抖:这是我能办的吗? 这究竟能怎么办? 这样的具体事例的提问,能让绝大部分学生干部产生敬畏:原来事情没那么好做! 当然,具体的处理技巧很多,可以根据每个人的风格而定,但整体上要让学生干部们思考几个极端案例。在进行完这一环节后,告诉学生们几个结论:

1.恐怕你确实什么都不会。

2.你的运气不错,能被推举为学生干部。但实在没什么可骄傲的,也许随便换一个同学,都做得比你更好,你不是不可替代。

3.俯下身去,从零开始。

4.完善技能,提升自己。

5.予以鼓励:经过你的努力,你也可以做到,但你必须谦虚。

二、流程教育

学生干部对干部培训最大的期望,就是想知道如何正确地做事,这是他们施展自己抱负的第一步。但很多培训显然忽略了这一点,让学生干部听起来不知所云。

其实,在辅导员老师这里,一个优秀的学生干部工作流程是非常必要的,正确的做事方式,可以促成正确的事,最终达到满意效果。这一点和学生干部的需求完全一致。那么,该如何塑造完美流程?

这分为两个层面。一是由老师讲解的,即如何正确做事。什么样的事属于必须报批的,什么样的事可以自主? 审批的流程是怎样的,都由哪些具体的部门负责这件事? 遇到问题和谁反映,什么叫"越级"? 遇到突发事件怎么办,怎样应对现场危机? 遇到和学生组织的各个部门和学校的各个部门合作该怎么办,找谁? 怎样向老师提出求助? 怎样快速地获取自己需要的援助……有关流程的问题,讲多少都不算多。流程并不是想让事情复杂,而是想让学生干部正确地做事。流程的目的是要将人程序化,程序化本身是专业的表现,只是要分辨僵硬的程序化和灵活的程序化。老师通过讲解流程,让学生干部对怎样办事有一个基本了解。

第二个层面就是学生自己的传承。学生组织的传承具有强关系,上一届对于下一届的影响甚至超过老师,而上一届的学生干部很乐于分享自己的收获——有人听本身就是对自己的肯定。这种传承,不需要过多干预,学生完全可以自主做到。当然,有一个随机率的问题,一些传承的好的学生干部可以立刻在原有起点上进行工作,而一些糟糕的传承恐怕要让新干部从头开始。

所谓的流程教育,就是指"正确地做事"。"做正确的事"是另一个话题,在学生干部这个层面上,"做正确的事"并不比"正确地做事"重要。

三、执行力教育

我在《企业管理》上发表过《如果领导做了错误决定》一文,大意是说,如果领导做了错误决定,也要坚决执行。第一,你的信息和领导的信息不对称,你知道的领导知道,领导知道的你不一定知道,所以决策并不一定错误;第二,领导做了错误决定,自有领导的领导去判断,去coach,轮不到你去评价,你没到那个层次;第三,最关键的是,因为不服从领导指挥而受到的损失,远比领导错误决策带来的损失要大得多!领导指挥可能是错的,但很可能是对的。而自以为自己很对,不服从领导指挥,无数事实证明,这将会造成更大的破坏力,甚至毁灭。

关于执行,不必多言。有关执行的畅销书非常多,随便拿来一本都有数不清的例子。我们需要告诉学生干部,你在这个系统里,就应该执行,准确有效地执行。许多自以为是的想法应该被改变,执行改变生活是颠扑不破的真理,执行这节课上好,对所有的工作都起到基础性作用。

四、赢在细节

我听过太多的人自我评价"可能我这人就是大大咧咧,什么都不在乎",其隐藏意义是,"我就是这样,粗线条是自己的风格",自以为不拘小节,很大气。我虽然不便点破,但心里会说:你真的知道如何把事做到细致入微吗？恐怕不知，否则你不会以此为荣。你究竟做过一件特别漂漂亮亮的事吗？恐怕没有，因为想把事情做好，一定是赢在细节。

绝大部分学生干部都是这种风格，因为他们的学习经历，一切都是被安排好的，他们从来不知道每件事都是由一个个细节构成的，而表面看到的那些东西只有冰山的十分之一。有些学生干部总以为自己能把事情办好，但举办一场活动下来，他丢三落四，没有一个环节流畅——因为他做好的只是他关注的部分，他没去做的也不可能去关注那么多细节，所以看上去很美，其实貌合神离。没做好还觉得自己很委屈：我不过就是忘了一件事嘛。其实，他忘记了很多事！在这样的情况下，把细节教育放在学生干部培训中重要的位置，显得非常必要。

有人也会问我，管理学上不是说要"授权"吗？你这样什么都管是不是有问题？"授权"当然不错，这是要在你的下属非常成熟，他们有能力去完成当前事务的情况下。而在老师眼里，学生从来都不能被看做完全成熟的，熟练的，他们需要指导，而且是包含一切的指导。从一定意义上来讲，"事必躬亲"是辅导员的美德，而啰啰唆唆就是辅导员的工作方式。

当然，如何让学生从心里不讨厌你的方方面面的指导，不认为这是对他的不信任，并接受你的啰啰唆唆，这需要功力。不管怎样，"赢在细节"一定是把事情做好的基石！

五、权责分明

在我的世界中，"执行力""细节""权责分明"是带有鲜明个人特色的管理学三大核心。我就是以这三点以不变应万变，事实也证明是有效的。"执行力"和"细节"可以看做是一个严格要求层面上的问题，而

"权责明确"一定会在具体工作过程中体现。

　　简而言之,在我和学生干部的合作中,或者我教给学生干部管理诀窍时,我一定会告诉他们这样的道理:每件事哪个方面谁做,一定是具体到人的,甚至要细致到即使两个人合作做同一个方面的事都要进行详细分工。举个简单的例子,指派两个人负责晚会的灯光,他们只负责灯光,其他事务不管是谁指派都不再管。这两个人要明确:谁负责舞台灯光,谁负责场地灯光;谁负责观察主持人的信号;谁负责和现场人员联络。自己负责的那一块必须清清楚楚,自己的工作一定有明确界限。只有这样,才不至于出现一件事不知道谁干,或谁都干但谁都不干,或出了问题谁都负责其实没人负责的窘境。

　　在管理学上,权责明确是一个很基本的道理。无奈高校就是人多,做一件事能有大量的同学参加,人力丰富的时候就总觉得人多力量大,在具体分工权责明确的层次上模模糊糊。甚至有一些老师,本身就不具备科学管理素养,出现问题还把问题归结为"学生自觉性不够",殊不知问题是出在自己身上,还反过来给别人扣了大帽子。

　　为每件事情分工,教学生干部学会分工,把分工看做是学生干部在做具体工作中的核心环节,对于提高学生干部的效率和取得好的效果有决定性作用。

六、承受压力

　　我上面曾提到一个订票的事情,不是虚构的,而是真实案例。当事学生干部面对来自宿舍舍友、班级同学当面质疑,网络舆论,朋友同事、团体组织的各方面指责,承受了巨大的身心压力,情绪几近崩溃。后来在我的心理辅导加危机公关手段的共同作用下,他才度过了这一段人生中最艰难的时期。本来想做一件好事，并没有做好，还承受了与之完全相反的各种指责，这是他们难以想象的。其实，这就是学生干部承受压力的问题。

我用"器量"一词来描述学生干部承受压力的能力，即一个学生有多大的"器量"，就有多大的潜力。一个学生干部承受压力的能力，直接决定他未来能做什么。做的事情越大，权力越大，承受的压力必然也越大。这种压力，一种来自事件本身，即具体事情能否做好；一种是外在压力，比如非议，即不理解的人将对学生干部的行为提出各种质疑，或者"妒忌"，即使你做了正确的事，取得了正确的结果，但人类的本能中就存在"妒忌"这种东西。不做事自然不会招致闲话，凡是有为者，必然要面对"妒忌"。

承受压力要作为预防性培训内容讲解，即在学生干部做事之前，教他正确认识压力。而当压力真正来临的时候，一方面需要学生干部扩展自己的"器量"，一方面需要主管老师的支持：面对压力，伸出援手，毫不退缩，勇于承担。

七、所谓"有为"

这是一个关乎荣耀的问题，哪个做学生干部的，不希望自己"有为"？但是，何为"有为"？

一般情况下，举办大型活动，各界朋友都认识，纵横捭阖的学生干部显得风生水起，让人觉得"有为"，这在一定意义上是对的。但是，我们所谓的"有为"，应该与中国政坛上传统意义上的政绩观彻底划清界限。不是非要以具体活动和具体成绩来评价是否有为，正确地做事，做正确的事，都是有为，并非一定需要某个光鲜的结果。

这对很多人来说难以接受，没有个具体事件作为标志，"说都不好说啊"。我常听到学生干部抱怨，自己干的是一个苦差事，别的干部在老师面前吃得开，在同学面前有面子，而自己却居于幕后，做着重复无聊的工作，自己挺倒霉。我会告诉他，你错了！

不同的工作，需要不同的形式。比如作为学习部的干部，坚持检查上课和自习出勤情况，可以说就是有为；而体育部的干部，在比赛中没带领队伍取得冠军，那就是失职。你要相信，某些人在某一时间可以蒙蔽所有的人，但他从来不能在所有的时间蒙蔽每一个人——你要知道，会有一双无形的眼睛在看着你，你所做的，既有来自现实中直接的评判，更有对于成长的回馈——甘于寂寞，会让你悟到很多的人生真谛。

"有为"并不是一个好把握的问题，每个人都有强烈的自尊心，他们确实需要"有为"，从这个角度我们也应该提供给学生干部更多具体有为的机会；另一方面，我们必须从一开始就讲明，"有为"只是个相对概念，做好自己的本职工作，注重事件的"过程"，才是真正的有为！

八、"政务公开"

其实，学生干部做的，还谈不上"政务"；但在一定意义上，和"政务"有类似之处，取其含义，实指信息公开。

不透明一定会导致误解，不公开一定会导致质疑，不公平一定会招致反对。而事实上，在我看来，大学中绝大多数的干部都是有自己的信念，维护心中道义的。而形成鲜明对比的是，互联网上一直有另一种声音，认为学生会就是小社会，里面"黑"啊！

不排除有害群之马，但绝大部分的学生干部，都是希望能做一点好事，这里面究竟原因在哪？在我看来，就是所谓的"政务公开"。每一种权力都可以成为寻租的理由,但每一种权力也都可以用来为人民服务。是要继续被误解,还是能主动出击,占据舆论,其实考察的就是"政务公开"能力。

处在一个信息高度发达的时代,与一个黑板报海报宣传页的时代不同。从效果上来说,信息技术让快速有效的政务公开成为可能。我们做了什么,我们怎么做的,我们哪里需要同学们理解,我们提供了怎样的便利,我们为大家谋求了哪些福利等等,都可以通过互联网快速传播。唯有了解,才能理解;唯有主动展示,才能消灭谣言。

包括门户网站、微博、博客、空间等不同形式的新媒介,能提供不同的功能,加之传统的宣传橱窗、展板、海报栏、黑板报,综合运用各种手段,在不同层面上进行展示和互动,能极大提升学生会组织的影响力,塑造学生干部的正面形象,获取理解和认同,并非不可能。

在培训时,还要讲这样的理念:政务公开并不只是宣传部门的事,而是人人有责。每个人都是自媒体,每个人都可以展示自己的工作,只要做好事,多展示,说实话,不说官话套话,更不说违心话,那么,赢得同学们的认可只是时间问题,原来的好朋友,会再次回到自己身边,甚至吸引新的人气。

九、一次只说三件事

一个人一生中犯大错误的机会很少甚至没有,一个人犯的无数个错误基本上都是小错误,甚至超低端错误。其中一个被我们众所周知却一犯再犯的错误就是:一杯精致的好酒会让人记忆深刻,可是我们总喜欢让学生一口气吞山河。

进行学生干部培训时,我们总希望多说点,说好点,恨不得把所有的经验一下子灌输到学生头脑中。说到兴头之时,更是什么都能说,什么都会说,什么都要说,欲罢不能。因为培训对象素质较高,培训者又急于教学生一些东西,一件事说完,另一件事自然接上。洋洋洒洒万言过去,两个小时,甚至三四个小时过去,姑且不说学生们是否当场就烦了,即使学生们听得感激涕零,一星期之后所有的都忘掉。

好吧,我就是想说,每次培训需要有主题,每个主题都深入一些,三个主题就已经不少啦。不仅如此,我个人的做法是,我不但每次只讲三个主题,而且再次讲的时候还会重复上一次讲的三个主题。我不妄想学生们能一下子学到很多东西,只要记住一件事,就是成功,更何况我相信他一次可以记住三件事。三件事不断积累,虽然每次讲得不多,但入脑入心的东西本不必多,领悟才好。

比如说,我现在提到的十个建议,可分为三个专题甚至十个专题备课,每个专题都准备具体案例、历届干部的实施情况、具体的方法等,把工作做到这个分上,还担心学生干部带不好?

十、大胆做事,不怕犯错!

一句话就可以说明:凡是有为的人才会犯错,凡是不干活的人才永远正确。允许学生干部犯错,并由老师为之买单!

最为愚蠢的做法——而且这种做法还是有一定市场的——是某个学生干部犯了错误,导致了一个糟糕的结果。某位辅导员老师说:"你干不好可以别干,没人让你干!"

另有一种是:"你惹下的烂摊子,你自己收拾。"

再者:"干部犯错,罪加一等。"

当然还有:"你怎么搞的? 同学们反映你自大、骄傲、脱离同学,你做的事,同学们有意见!"

以上的几种方法,都可以彻底打击一个学生干部的心,姑且不说他做得对错,他首先是个学生。我们既然是老师,我们就应该为学生的成长负责,就应该宽容,要从更高层面上关注他们的成长;更何况从管理学的角度上来讲,你也犯了基本错误:你没弄清何为"管人"。

正确的方法是:第一,告诉学生可以犯错,因为有为才会犯错,但低级错误和被纠正过却仍然犯的错误不在此列;第二,凡是我们同意过的事,如果犯了错误,记住不是学生干部买单,而是我们要为之负责,因为我们曾同意过;第三,"干部犯错,罪加一等"要分情况,不分青红皂白怎可让人服气?第四,在学生干部做出决策时,即使有所不妥,在公开的时候我们必须站在学生干部一边,给他支持,而私下里再商量解决问题才好,必须为干部站台,维护他们的权威;第五,干群关系本身是一个不好解决的问题,我们要为学生干部说话,耐心解释,做好其他同学的工作,化解学生干部和同学间的矛盾,让他们融合。当然,我们也需要告诉学生干部在"干部"的身份和"学生"的身份发生冲突时该怎么做。士为知己者死,试试上面的几招,感觉一下你的干部会不会给你带来惊喜?

大胆做事,不怕犯错!我们对学生干部有此期望,其实我们自己希望的生活又何尝不是如此?推己及人,推心置腹,才能换取来自学生干部真正的尊重。

几个培训当然不能解决所有问题,真正的修炼还是来自日常的工作。"相信每个学生在内心深处都是你的助手"被我一提再提,是因为我相信,学生是可爱的,如果他们不可爱,那一定是老师不可爱。如果学生当了我们的助手,还有什么不可能?这些可爱的学生干部,就请你们当我第一助手吧!

如果领导做了错误决定

这是我听过的最精彩的一堂课。中国人民大学王建华教授在研究生课程中讲授"管理经济学"的时候,一开始就提出了一个问题进行课堂讨论:

"如果你的领导做了错误的决定,你该怎么办?"

这个题目很容易回答,大家略加思索,马上就有了各种不同的答案,讨论的场面非常热烈。

回答一

"如果领导错了,那就得给领导提建议,让领导认识到错误,以便做出正确的选择。"

"如果领导认识不到错误呢?"

"如果领导认识不到错误,作为一个负责任的下属,应该按照正确的方法做,顾全大局,让事情得到合理的解决,之后让领导自己意识到他的问题。"

"很好。可是,如果是你错了呢?"

"这——如果是我错了,我觉得也没什么,最起码我于心无愧!"

回答二

"如果领导错了,就想办法让他了解他的错误。比如,可以采用拖延的策略,给领导一个充分的空间以便做出正确的决定。如果还是不行,从整体考虑,就得冒险找领导的上级。"

"精神可嘉,很有敬业精神。但是,如果你拖着,耽误了事情怎么办? 或者去找领导的上级,属于越级办事,这个后果怎么承担?"

"当然是在不可能耽误事情的前提下,如果会耽误事情,自然不能拖了。至于越级办事的问题确实存在——可是,我们怎么也不能看着领导犯错啊,就算越级了,为了全局也值得!"

回答三

"如果领导错了,我们仍然要按照领导的办,但是,要在尽可能的情况下修正错误。"

"就是说,整体按照领导的思路,但是细节上按照正确的方式去做,对不对?"

"就是这样吧,目标是效率的最大化。"

"可是,能不能这样理解,这是对领导安排的折扣?"

"我觉得换一种说法合适,就是说,更高明地促进事情办成。"

答案很多,有的说用更高明的方法劝谏,有的说想办法让领导自己认识错误,有的说让领导"突然间自己认识到错误"。大家的思路一打开,观点自然很多。王建华教授不时点头,给每个参与者以肯定。

"大家的头脑都转起来了,这很好。但是,我这里要给大家泼一瓢冷水,在领导做出错误决定的时候,我要给你们的观点是:坚决服从领导指挥!"

大家都不约而同地"啊"了一声,接着鸦雀无声,一片不相信似的沉寂。

"这就是管理学的问题,并不高深莫测,与我们每个人息息相关。当我们自己有了见解的时候,离真相到底有多远? 我并不是说我的见解就一定正确,但是,我有几条理由要陈述。"

"第一,领导做的决定,在你看来是错的,却未必是错的。这种判断不一致的根本原因是信息的不对称,领导的职务越高,所拥有的信息量越大,而你可能并没有这些信息。在信息不对称的基础上,领导做出的决定,可能考虑得更全面,是最符合当前形势的,根本就是对的。而作为下属的质疑,即使有可能是对的,但是错的可能性更大。在信息不对称的时候,谁掌握的信息多,他的正确性可能更大! 所以,你的质疑可能是错的!"

"第二,从实践来看,这还存在着一个更大的问题,那就是——因为不服从领导指挥而受到的损失,远比领导错误决策带来的损失要大得多!"

"我想在座的每位都是企业或者事业单位的管理者,你们很了解这一问题的实质。我们说要每件事情执行到底,但是,在我们的实际工作中通常有很多人不能遵照要求,没把事情做到位,这是事业做不好的一个极大原因! 我们现在所谓的执行力以及'细节决定成败',从根本上讲的就是这一问题!"

"那么具体回到我们的问题上:当领导已经做出了一个决定,而你在质疑这个决定对不对的时候,就意味着你不能较好地执行领导的意图,甚至会与领导的安排对着干、反着做。我们可以想想这后果——很多时候,我们的企业,就毁在一些自以为是的人身上,而这些人很多时候还认为自己有献身精神,是在为大局着想呢! 这些教训发人深省!"

一席话讲到此,竟听得我大汗淋漓!

"有一部电视剧叫《亮剑》,其中有个从国民党过来的教员叫常乃超,在总结国民党几百万军队为什么一下子就彻底溃败时,他说了这样一句很经典的话,大意是这样:距离我们现在的位置(南京政治学院)不足百米,曾经是国民党国防部作战厅,直到今天,我仍然认为,我在那里一年多的工作经历,是可以借鉴的。从那里发出的命令,并不完全都是愚蠢的,正如我的同仁,曾经开过的玩笑,他说:'国军的命令都是由天才制定的,却由蠢才来执行。'此言发人深省。我们在座的学员们想一想,我们在质疑领导的时候,第一,是否质疑得对?第二,你主张的,究竟是顾全大局的做法还是败事有余的愚蠢行为?这是一个企业管理中最基本的问题,如果企业的管理者弄不明白这个问题,就将直接成为这个企业做不好的根本原因!"

"但是,领导的确也是会出错的,遇到这样的事情怎么办?我们并不是鼓励对领导盲从,但是,当我们要领导改变他的观念的时候,首先是要彻底贯彻领导的精神。如果领导真的错了,事实证明了,没有一个领导会在事实面前执迷不悟,否则,他就不会走到领导这个位置!而我们,切不可以再用自己的小聪明去看这些事情,请记住:'因为不服从领导指挥而受到的损失,远比领导错误决策带来的损失要大得多。'这是一句金玉良言!"

一堂课下来,有褒,有贬,有抑,有扬,冷冷的批评后面又带着温暖的安慰。这堂课是我所听到的印象最深的一课。王建华教授的这堂课,叫做"管理"也好,或者叫"人生感悟"也罢,我感受到的不只是"真实的力量",而是更加知道自己对于管理理解的浅薄与无知。谁也别以为自己天生是个智者,岂不闻"人类一思考,上帝就发笑"?当然,那种思考,是指我们自以为是的思考!

想要成为一个优秀的管理者,任何问题都值得细细品味。我们也时常需要通过追求智者的大智慧,来达到真正进步的目的。

第五篇

做好学生心理援助的十个建议

写在前面 ❖

辅导员工作的跨学科研究是一件非常有意义的事,在实践工作中,和辅导员工作相关的、最有直接关系的有两个学科:心理学和职业生涯管理。心理学关系到学生的稳定,职业生涯管理关系到学生的发展,两者互为关联,但心理学科显然更有基础性作用。当前,各个高校都认识到辅导员工作运用心理学的重要性,在辅导员队伍的专业化建设中,让辅导员参加心理咨询师培训,具备一定心理咨询能力,已经成为公认的理念。

就当前学生工作形势来讲,多元化的价值观和发达的信息传播系统日益强大,青年在发展心理学中的阶段特征却少有变化,由此产生的身心不协调,信念和现实冲突,认知和行为冲突日趋强烈,辅导员掌握足够心理学知识更是势在必行。

究竟如何在实战中运用心理学知识呢? 以下的十条建议均为实践工作经验,目标是心理援助。这种援助抛弃了心理咨询形式,蕴含着丰富的心理学知识,但学生未必能轻易发现,正所谓"于无声处听惊雷"。

辅导员工作越久,越会有个体会:在辅导员工作中,最不好把握的就是如何辨别和面对学生的心理问题。每个学生都是一个活生生的人,在外表的掩盖下,内心或者波涛汹涌,不能自已;或者充满悲伤,无处诉说;或者心静如水,波澜不惊。心理的概念非常广泛,人类的所有思维、情感、情绪乃至行为模式都可以归结为心理,从这个意义上讲,心理是一切的源头。这条川流不息的大河,最终的结果也许是奔流入海,但也有可能在半路干涸,再也找不到尽头。一些辅导员亲眼看到过因严重心理问题导致学生罹患精神疾病甚至自残、自杀的惨剧,在给家人造成无法面对的痛苦时,辅导员自己的身心也受到巨大的创伤——一个活生生的人,就在自己面前这样没了,谁能自已?也许在我写下文字的此刻,又有一个甚至十几个、几十个人选择了以极端的形式结束绝望——我们有13亿人口,选择极端形式的人对于总数来说微不足道,但对于个体和家庭来说却是全部。我们,一个辅导员,谁能允许这样的事在自己身边发生?

　　所以,我们必须有方法去面对这一切。辅导员工作要求我们应该成为"心灵的猎手"、心理专家,这并非一种简单的职业能力,而是业界的一种良心。在心理学知识和个人经验的基础上,我们需要集结强大的战斗力量,帮助那些处于困境的同学走出困境,帮助所有同学在面对心理问题时勇敢、坚强。这里,笔者根据自己的实践,给辅导员朋友们十个工作建议。

一、必讲一个心理学小故事

这个故事普及率比较高,已不新鲜。但这不要紧,哪怕是学生听过 N 遍了,那就用 N+1 遍的方式讲出来。

一对中国情侣约会,男孩迟到了,女孩问他怎么回事,男孩说我去做心理咨询了。于是,男孩被甩了,然后,就没有然后了。

一对美国情侣约会,男孩迟到了,女孩问他怎么回事,男孩说我去做心理咨询了。于是,女孩认为男孩讲求生活质量,于是女孩疯狂地倒追他,他们结婚了。

故事的实质是在进行一种普及性心理教育,告诉学生如何正确看待心理援助。就故事的内在逻辑来讲,故事并不合理:美国人为什么就要当正面典型?在中国式约会时谁又敢说自己去做过心理咨询?但这并不重要,因为故事简单易懂,特别容易被人接受。所以,讲出来会有效。

普及性心理教育是做好学生心理工作的第一步,学生如何对待心理健康问题,如何看待心理援助,都只能通过普及性教育进行普及。普及性心理教育并不能解决问题,但这给了学生一种态度:心理健康是人类正常需求,寻求心理援助不丢人。这不但有助于那些有心理问题的学生放下心理负担大胆寻求援助,而且在全体学生中间塑造一种氛围:不要戴有色眼镜看那些有心理问题的同学,要真诚,要信赖,身为大学生,应该给予那些同学以足够的宽容和理解。

普及性心理教育善莫大焉,组织起来可能比较麻烦,但通过普及性心理教育,可以营造一种尊重人类心理的氛围,让部分非严重心理问题的学生通过学习正确的方法解决自己的问题,让自己无法解决自己问题的同学敢于站出来寻求帮助。尤其是最后一点,也许受益的只是一个人,但改变一个绝望的人正是心理援助和教育的本真意义所在。

二、莫把心理问题严重化

因为心理问题有时关系到学生的"生死存亡",一些辅导员尤其是经历过极端事件的辅导员,会不断讲各种心理学知识,不断讲各种极端案例,不断地鼓励学生勇敢地说出自己的心理问题。当然,这是一种负责任的行为,本应提倡。但凡事过犹不及,心理问题过度严重化会产生另一种后果:一些没事的同学觉得自己有事,有点事的同学认为很有事,真有事的同学开始觉得自己有大事。

学生的心理问题可以进行一定分类,简单来说分三种。

第一种是一般性心理问题,这是普及性的,某些研究甚至支持了高达 70％以上的学生有过心理问题,指的就是一般心理问题。每个人在成长过程中,都会遇到根据现有的知识和能力无法解决的问题,于是思维会进行死循环,情绪上会受到波动,这时就产生了一般性心理问题。与其他类型不同,一般性心理问题是可以自愈的。学生通过自己给自己鼓励,把自己融入到朋友圈,积极参加文体艺术活动等,自己可以解决这种问题。当把心理问题的严重性刻意夸大时,这部分学生是最容易受到影响的——本身自己有能力去解决自己的问题,但因为强烈的心理暗示,加之担心害怕,直接放弃了主动自我治疗,把自己定性为"精神有问题"。一旦学生开始这么想,把希望放在别人的给予和援助上,他(她)慢慢地就真的有问题了。

第二种为严重心理问题,我倾向于使用"心理障碍"描述这种状态。一旦产生心理障碍,已经丧失了自我治愈的能力,必须寻求外部的支援和帮助。事实上,心理障碍是辅导员能面对的最高心理问题,通过有效的关注,适度的心理援助,专业心理咨询师的指导,调动来自学生家人、同学、朋友、社团组织等各方面力量,是有可能给这些同学以重新开始生活的勇气的。而一旦夸大心理障碍的严重性,学生有可能跨过这一阶段,心理问题直接成为心理疾病。

第三种则为破坏力最强的最可怕的心理疾病。我们必须鲜明地亮出底线,这件事没有商量:学校不是医院,一旦形成了心理疾病,必须寻求专业的治疗,学校帮不了这样的学生。这不是不负责任,而是真正的负责。一旦被定性为心理疾病,尤其是必须通过药物控制的抑郁症、妄想症乃至精神分裂,学生本人的生命之火濒临熄灭,非专业的咨询老师和讲求思想自由言论自由的校园环境就会成为杀手——某个微不足道的因素,可能引起患者的强烈反应,甚至做出极端选择。那时,追悔莫及!

在避免夸大心理问题的方面有个小技巧,虽然很多辅导员老师本身就是心理问题的实战专家,但一些心理学知识还是请专业人士来讲——他山之石,可以攻玉,学生爱听这样的讲座,专家的学术型讲座和辅导员的日常讲评之间构成有机整体,能有效避免辅导员过度权威造成的事实性夸大和强烈的心理暗示。辅导员还要在更高的层次上,用充满温情和爱意眼光,时时关注着这类学生,化有形于无形,好似"无为而治"。

三、分辨类型是关键

哪里是悬崖,哪里是大山,哪里是深谷,对于一个行者来说至关重要。一个糟糕的判断,要么会走向绝地,要么会多走弯路,所以要学会分辨。

很可惜,无捷径可走。判断学生心理问题的严重程度,只能通过海量的信息、大量的接触、自己的观察和积累的经验。哪个同学每天都赖床,哪个同学爱说一些奇怪的话,哪个同学没有朋友,哪个同学情绪长期不佳,哪个学生爱与同学发生矛盾……我手头有一首小诗可供一品:"新时代优秀辅导员标准:上得了课堂,跑得了操场。整得好材料,写得了文章。开得好班会,访得了家长。劝得了情种,管得住上网。解得了忧伤,破得了迷惘。Hold 得住多动,控得住轻狂。受得了奇葩,护得住低智商。查得了案件,打得过嚣张。"调侃之余,其实说出了工作的方法:什么都要关注,什么都要知道,什么都在一线,对每个学生的情况进行综合分析,最终确定哪些学生的问题可以自己克服,哪些学生必须援助,哪些学生需要送医救治。

心理学提供的各类方法此时是有帮助的。已经普及的方式即问卷式心理测评,可以有效对学生现有心理状态进行筛查分析。典型的心理普测为 SCL-90 自评量表以及在此基础发展出的针对青少年的各类测评,这种专业工具有效果,不麻烦,建议使用。但使用这些工具也有一定的技巧,对待量表结论要分析研究,通过摸索最终形成一套有效的使用方案。

除此之外,再提供一个小的方法,就是"人民战争"。如果所有的同学都说某个同学有问题,这个学生一定有问题。通过学生间的相互评价了解问题,是一种有效的鉴别途径。

四、解决心理问题的"三大招"之第一招：告诉学生你能理解他

做好准备工作后，就准备放"大招"了。所谓的"大招"，就是不出手则已，一出手，招式华丽，效果惊人，甚至一次解决问题。

进行心理援助的方法千千万万，但能否有一些特别实用简单的方式解决多半的心理问题呢？答案是肯定的，至少在我这，我总结的几个大招已经帮助我解决了大部分问题。千招万招，总会化成几个绝招。把绝招融会贯通，最终达到无招胜有招。

"三大招"之第一招：告诉学生你能理解他！

此招看似平淡无奇，其实却是万招始祖。当一个学生向我们倾诉时，我们是应该做一个道德和法律的评判者，还是做一个包容一切的心理咨询师？这一点非常重要。我们不是专业咨询师，不能去无原则地理解学生一切问题；我们此时又不该是个简单的评判者，我们应该站在学生的角度考虑问题，和他产生共鸣。

放下老师的身份，把自己放得很低，以一种平等的方式告诉学生：你的经历我也有过，甚至我的体会比你还要深刻，这是成长中面临的一部分。可以举一些自己成长中的例子，可以说说自己当时的心路历程，可以说一些平时以老师身份不便开口的真实想法，总之，告诉学生，我真的理解你！

这样做的目的就是获得学生的信赖，让受访学生尽量消除心理壁垒，让内心变得坦诚。一些有轻度一般性心理问题的同学，通过亲密的交流、彻底的倾诉，会在这一环节就解决问题——有人愿意听他说话，有人听他倾诉，有人愿意和他分享自己的人生感悟，这就是一种治愈。

这不是简单的经验总结，心理学称之为"共情"。"共情"既为下一招做准备，本身也构成有效手段。转化自己的角色，和学生平等对话，少说多听，善于倾听，结合自己的故事告诉学生：我懂你！

五、"三大招"之第二招：你并不孤独

"你并不孤独"，并不是从朋友圈角度说明问题的，而是要告诉学生：有你这样心理问题的人，不只你一个。很多人都有过，或者正在有，只是你不知道。

不要小看这样一句话，在正在经受心理问题折磨的同学来看，这是一种莫大的心理安慰。人类心灵中，都有对于未知事物的某种恐惧，对于弱者的同情，对于孤独的排斥。有的人总以为，就自己有这样的问题，别人都没有，所以更加孤独和无助，更加难过，甚至走不出来。这时，你告诉他，其实每个人都一样，谁也不能免俗。出自人类自身拥有的另一种"生"的力量就会觉醒，他开始想：原来我不孤独，还有很多人也这样；原来我不必害怕，我可以克服，这只是成长中的一个小问题。一些联想力丰富的同学，立刻会想到很多印证这件事的例子：原来他也曾这样过，既然他行，我肯定行，一种来自"竞争"和有目标的动力会随之自动产生。

这一句话，有时候值万金。等到学生长大具备强大的心理能力后，他会回过头来发现，原来以前的事真的没有什么，可为什么当时就那样想呢？好在在人生最黑暗的时候有人告诉了他这样一个简单的道理，不再孤独，找到勇气。

六、"三大招"之第三招：找到自信

一般在前两招使用后，已经能解决大多数的问题，第三招可以作为一种补充。也有少量时候，前两招不必用，直接跳到第三招。

第三招看起来更加平淡无奇，好像"理应如此"，那么这里有什么不同吗？

有！这种找到自信，已经不是简单的心理援助，而是综合学业发展、职业发展、人生发展的量身定做，即辅导员帮助学生发掘自己的优点，结合现状，找到一套符合其发展的道路。心理咨询师只能帮助学生解决心理问题，可一个优秀辅导员做的并不仅是帮助学生走出心理陷阱，而且要帮助学生看清以后的道路。

此招的要点有三个。一是帮助学生认识自己，尤其是肯定优点。学生在心情低沉的情况下，容易放大自己的缺点，此时，就要找正能量帮助他，抵消乃至胜过缺点。可以就学生的实际表现，如某一次获奖、某一次精彩的演讲、某一次热情相助等，真诚地提出肯定；或者让学生回忆其自己人生中最精彩最风光的一件事，然后告诉他你还可以复制。总之，唤起学生对自己曾有的美好经历的向往，告诉他生活还可以很美。二是帮助学生确定自己的潜能所在，并挖掘潜能。和前者不同，这一点重在帮助学生找他比别人做得好的地方，并肯定他在这方面有能力做得一直比别人好，甚至远远超过，激发学生的好胜之心——谁都梦想自己有某方面潜质，做得比别人好，这是人类本身就存在的野心。三是量身定做，和学生谈谈未来的规划。其实到了第三层，这种心理援助已经转化为就业指导和人生规划了。这时，学生已经走出心理问题了。

这招也有理论基础的。"勇气心理学"认为，一切心理问题的根源都是遇到了挫折，丧失了勇气，丧失了动力，其根治的方法就是找到问题发生的节点，帮助患者树立信心。"勇气心理学"又叫阿德勒心理学，特别适合在青少年人群中使用。

七、"又三招"之第一招：情景重现

以上三招，对于全部一般性心理问题，以及部分障碍性心理问题有效果。但是，如果效果并不明显，还有没有其他招式？有，这个"又三招"，将心理学的使用再次推进一层，可以达到辅导员心理工作的极值。

第一招，就是情景重现。这是基于精神分析心理学提出的：某些人受过创伤，通过各种意识和潜意识的加工，创伤转化为某种负能量和行为习惯，在以后的心理发展中形成心理障碍，甚至产生精神疾病。找到问题的这一个源头，就是解开心锁的钥匙，即只要帮助学生回忆起最有决定意义的情景，并帮助他面对，心理问题就化解殆尽。

如非必要，我并不建议辅导员使用"又三招"的部分，因为这个"又三招"和前面不同，辅导员的身份几乎完全转化成心理咨询师。进行情景重现，需要足够的语言技巧和心理技术，在来访者复杂闪烁重复性的语言中，寻找到某种最能体会其心理状态的线索，引导他回忆起发生"灾难"的时刻，这是需要有足够的经验和知识的。人的心理会有各种伪装，不自觉地会对外来者进行防御，所以很多时候我们抓到的仅仅是变化了的表象。通过一步步深入分析，最终引导来访者寻找到内心产生症结的节点，非常需要功力。

不过，即使技术不达标，引导来访者回忆以前的相关性事件，本身也是一种治愈。寻找到所有的起点当然是最为理想的结果，但一般时候，我们只是找到了中间过程的几个节点，这时也可以帮助来访者看得真切,了解清楚,有豁然开朗的感觉。

情景重现属于心理援助的较高技术,想要习得,只能通过积累更多的心理学知识和进行大量的实践。

八、"又三招"之第二招:找到学生的错误观念

这是认知心理学派的主要观点:一些心理障碍的产生,源自人们对于某个问题的错误认知,错误认知导致了错误的行为模式和混乱的心理状态。

找到学生的错误是老师最基本的职责,但找到表象级的错误容易,找到内心级的错误却并非易事。一个错误的指导思想或者核心观念会引发出若干错误的看法,但很可能我们只见树木不见森林,只看到冰山顶上的三分之一,却不知道深深埋藏在地下的三分之二。所以,当我们必须用这种方式时,需要通过倾听学生表象级的错误观念,一步步挖掘,最终直指内心。

因为语言存在很多陷阱,当我们试图寻找到学生的内心错误观念时,我们会在语言的迷宫里绕圈子,一圈又一圈,甚至通过不同的路径引用正确的原理,得到的却是自相矛盾的结论;在刚刚抓到一个小的线索时,快速转移的话题或不相干的话掩盖了事情的关键点;不过,最糟的是,当代学生获取知识的速度是如此之快,知识面又是如此广泛,很有可能在某个领域掌握着比我们更全面的信息。这时,我们恐怕会不知所措。而某些学生具备强大的语言天赋,有时候会把我们驳斥得哑口无言,不知道该如何应对。

在十万英尺高的距离看陆地,发现陆地只是地球的一小片,地球的绝大部分都是水。然而我们站在地面上的人,却总以为陆地就是全世

界。找到学生的错误观念并纠正是我们应该做的,我们只能靠站在巨人肩膀上,海量地积累,不停地阅读,虚心学习更多的技能,不断开阔自己的眼界,借助各种知识,才能最终达到这一效果。我们要"全知全能",在必须和学生辩论的时候能勇于胜出。不过,还有一点必须注意:辩论并不能使人信服,顶多是让谁屈居下风。真正的"无形中说服人"才是至高的境界,需要更多的升级和经验值。

当然,我说的要求比较高,一般意义上讲,大多数学生的人生阅历和积累还超不过我们,我们有足够的能力使用这一招。

九、"又三招"之第三招:转移注意力

这一招任何时候都有效,本身也构成结果,可以看做各种武功的收势。

我们对学生心理援助的目的是什么?无非就是带领学生走出心理误区,找到正确的道路,也可以解读为把学生的注意力转移到有意义的事情上去。魏书生曾发明过两个词,叫"点状思维"和"线关思维",在我还找不到更合适词的情况下,姑且用这两个词指代一下。如果一个人总是重复想一件事,越来越想不开,容易积累负面情绪,变得暴躁、压抑、苦闷,导致各类心理问题,这就是所谓的"点状思维"。但如果用"线关思维"考虑,每件事情都可以从多个角度出发去思考,一条路走不通就换一条路,则世界美好许多。

转移注意力的方法有很多,最有效的方法就是"集体",即让一滴水融入大海,才不干涸。当一个人产生心理问题后,让他参加一些集体活动,比如打球、唱歌等,让自己的"点状思维"面壁思过,所有的问题就不成为问题;个体爱好也有助于转移注意力,听一首歌、看一本书、做一件

自己喜欢做的事，也能把不愉快抛在脑后，然后发现自己之前发愁的事没有什么。这当然包括心理学的方法，行为心理学有一个最简单的方法：当自己想不开时，在手腕上套一只手环（皮筋），狠狠地拉开弹自己一下。疼痛感立刻会让一个人清醒，从思维的泥淖中走出来，考虑做别的事。

我曾经有过一个观点：所谓的心理问题，在一定程度上就是"闲的"——自己没什么事可做，自己有充足的时间去自己绕圈子，自己有充足的时间制造心理问题。而一旦投入到轰轰烈烈的学习生活中去，一切所谓问题都烟消云散！

十、忘掉心理学，一切皆空吧

什么？忘掉心理学？一切皆空？是不是听错了，说了半天如何提高心理学素养，怎么要忘掉？

说这个话的时候，我是真诚的。我所谓的忘掉，包括两层含义：

第一，让心理援助形成于无形，消弭于无形。

见过一些辅导员老师，大张旗鼓地进行心理援助工作，其实也许错了。我们做事要考虑人的感受，在中国的整体情况下，在公民心理观念尚需提高认识的前提下，即使在高校中有一些心理健康的基本理念，整体上人们对于心理援助还视同怪兽。我们必须承认这个现状，理解这个现状，面对这个现状。正确的做法是，我们积极关注心理问题，却表面上什么都没有；我们用自己所学的知识去帮助了学生，可他并没有觉得自己接受的是心理援助。道法自然，无为而治，让心理学的运用不露声色，在极大保护学生的隐私前提下做好一切。

这还有一层意思：当把一个人定性为有心理问题的时候，他会人为地自己吓唬自己，让自己的情况更糟，彻底放弃战胜一切的勇气，一般心理问题很可能变成心理障碍。在非必要的情况下，在"无形"中去关心特定的学生，会有更好的效果。

但这绝不是说不应该将心理问题明确化，对于较为严重的同学，就需要旗帜鲜明地指出，让他观念上接受，才可能得到及时的救助。

第二，不能纵容软弱。

解决一个问题，又产生一个新的问题，这是我们要的结果吗？

有关这样问题的研究还少，但就我个人而言，有这样的感受：很多接受过心理援助的人，他走出了当前的陷阱，却跳入了新的陷阱——品尝过心理援助这一美酒佳酿，就像成瘾一样还想更多的心理援助。

这还不是最糟糕的，我还发现一个不容忽视的现象：通过心理学的手段解决了问题之后，虽然学生走出了当前的心理问题，但整体上心理软弱，意志力更加软弱。

这可能是专业心理咨询也没能解决的问题：心理学会让人变得软弱，变得多愁善感，变得在通晓事理的基础上却又情绪低沉——我什么都懂，你说的方法我都会，你不用说，我知道，我也不会想不开了，但我提不起兴趣。

走到这一步，可谓是人生的另一种损失。至今我苦无良策，这或许是人类"本能的空虚"，我不敢肯定。但我知道一点，如果换一种方法，也许不会这样。

那就是，"忘掉心理学吧，一切皆空"。当然，这种说法的本质并不是心理学不重要，而是在进行援助的时候，综合使用学业规划、就业规划、专业规划、学生组织、班团干部等种种手段，辅以个人谈话，把心理援助的痕迹彻底隐去，在"无形"中去援助一个同学，帮助他树立勇气和信心。这样的做法，会培养一个意志力强大的人，他将所有的心理疾患转化为积极向上的正能量,获得强大的内心。而心理学,做的是幕后英雄。

其实,这就是所谓的螺旋式上升,否定之否定。在没有招式的时候要学习招式,在招式已经成形的时候却忘掉招式,达到真正的融会贯通,随心所欲,无招胜有招。

谈谈精神分析

今天和大家交流的,是一个古老而略带神秘感的话题。现代科学赋予它更多神奇的功效,对于我们每个人来说,它意味着心灵的平静和精神力量的强大,这就是精神分析。

首先,我推荐一部小说《少年维特之烦恼》。这是歌德最为成功的一部作品。歌德和绿蒂的故事,让无数少年为之疯狂,在看到歌德自杀的情节之后,很多年轻读者觉得自己偶像的挫折正像自己的无望一样,于是纷纷自杀,以至于当局不得不禁止这本书的流通。当然,现在是网络时代,人们编故事的能力远远超过当时,而电视、电影等媒体更是愿意把生死说得让人烦闷,我相信网络时代的年轻人不再可能因为一本书而去自杀。当然,不管什么时代,小说中人类共性的东西是值得体味的,所以,我大胆推荐一下这部年轻人的小说。

"内心的平静确是一件珍宝,简直就是欢乐本身……要是这珍宝能既珍贵美丽,又不易破碎就好喽",这是少年维特在经历了很多事件之后,心灵获得片刻宁静时候的感悟。他的感悟,把一种状态非常形象地表达出来,我们可以理解为他这是对快乐的感悟,于精神分析上,这是一种平衡状态,而这种平衡状态对于人的整个心理状态异常重要,这就是自我。

什么叫做自我?谈这个问题,其实我们今天精神分析的话题就开始了。我不用什么特别具体的词语去描述什么叫精神分析,定义无效,完全在于人的感悟。这个自我,可以说是精神分析的一个基本术语,与之对应的叫本我和超我。自我、本我、超我就构成了精神分析的基本理论框架。

首先,我们来说本我。

本我,从某种意义上可以理解为本能,它是一口欲望的大锅,承载着人类所有原始的冲动、欲望。人类心底最隐秘的东西,都完全出自本我的沸腾。杀戮、报复、色情、生存、死亡以及权利欲、妒忌等东西,都出自人类这种本能。这种本能,在非意识的层面驱动着人做一些事情,这就是一些人自我不理解的地方:我当时没有想那么做,可我为什么那个时候就做了这样的选择呢?这不难理解,从物质领域考虑,人本身就是一种动物,他必然拥有动物的特性,或者叫兽性。这种兽性,其实是人类最本性的东西。任何人身上都存在,有的人沸腾着,激越着。当人类的这种本能冲破防线,一泄而出的时候,人表现的就是单纯的动物性。沙漠上两个人,为了抢最后一袋水,虽是兄弟却相互开枪——这是人类本能的求生欲望,这个时候,以社会的眼光看,不道德的事情就发生了。我们不可原谅兄弟相残,但是,于肉体本身来说,追求生存并没有什么错,因为人首先就是一种动物。人类这种动物性,这种最心底的欲望、罪恶,就是所谓的本我。

然而,人又极大地不同于动物,这是人的理性。在人类社会千百年发展中,理智逐渐战胜野蛮,社会化越来越多。我们逐渐地把一些共同生存提倡的或禁止的东西罗列起来,这就是社会道德和社会规范。从人类自身来说,虽然拥有激越的本能,但同时应该接受社会道德的影响。比如说,我们知道自己应该做什么,不应该做什么。我们知道我们应该孝敬父母,尊重老人;我们能够帮助身陷困境的人群——这是道德道义的规束。我们可以认为这是我们内心的另一种声音。每个人都知道社会需要什么,知道什么是对的,什么是错的。

接受社会道德的约束，就意味着一个完全不一样的自己。其实，每个人心目中都有一个标准，这个标准衡量善恶，告诉你怎样做才符合社会的要求。这个道德准则之下的自己，就是超我。

在佛教或一些神话里，佛陀和众神能用无私之心爱着众生，这就是超我。我们每个人心目中都有这样的期望值，而在这种期望值之下，每个人心底都有善良、热心、美好的一面。所以，如果我们放下神话的一面去理解，所谓的超我就是我们每个人身上的神性。神性和兽性直接相对，神性，也就是超我，讲求的是道德原则，它为社会道德所约束，并受到人类的崇敬。而兽性呢，他唯一的目标是即时的快乐，为了马上到来的快乐可以去杀戮、抢夺。于是，我们可以简单理解超我意味着善良，好的；本我意味着罪恶，坏的。

然而，真正的人类，既不是天使也不是魔鬼，而是既是天使也是魔鬼的混合体。在本我和超我力量的激荡之下，人类才有了一个真正的自己，这个自己就是自我。人类既有其虚伪、狡诈的一面，也有其利他、助人为乐的一面。在这两种力量的交相影响之下，人类就是神性和兽性的结合体。当人类的兽性被激发，人类的自我脆弱，一切的罪恶事件，自然地就发生了。但是，与之相反，如果人类能加强自己精神的磨炼，加强超我的力量，人就有可能真正成为道德上的完人，就是佛陀，就是神仙。于是问题也就出现了，既然自我是一种平衡状态，那么一旦不平衡会怎么样？

不错，人类很多的行为恰是一种不平衡状态，因为人类超我和本我的平衡并不是一件容易的事情。莫名其妙的烦躁，想要犯罪的罪恶感，时时困扰或者潜在地困扰着人类。而与之而来的羞愧，解脱苦难的欲望和救赎，又成为人类另外一种追求。自我追求的原则，是一种现实原则。在现实中，处于什么样的状态，就意味着自我将是怎样。有的人，对自己越发放纵，随心所欲做自己喜欢的事情，他的自我非常弱，完全被本我控制，那么，他的生活必将动荡不堪，甚至陷入犯罪。另外一些人，或者通过教育，或者通过自己的修炼，他的理性一面日趋成熟，他的超我明显超越常人，这样的人在现实中会获得一种幸福感，他的自我也会让人喜欢。

有的人可能会问：我怎么没有感觉到它们的存在呢？这就要讲到精神分析建立的第二个理论根基，潜意识。

我们知道，我们想的、我们理解的可以称之为意识，但控制我们的是不是意识本身呢？显然不是。我们内心的某种欲望，有可能被你深深地压制，在你心灵的最深处，就是所谓的潜意识。潜意识是人感知不到的，却强烈地影响着人类。我们并不知道这是怎么回事，反而在想：我在那个时候怎么就做了那样的选择呢？触发条件已成熟，潜意识就跳出来统治着你的行为，让你的意识完全瘫痪。比如，有人心里一直深深地爱慕另一个人，但是他在不断告诉自己，这样是不道德的，不能这样做，于是，他的意识真的接受这样的信号——注意，这个过程是不自觉的，你感受不到这个心理过程。但是，遇到一些应激性事件的时候，比如面临死亡，他的心中不自觉地想起了那个人。他可能在生命完结之前也弄不明白这个问题，为什么我最牵挂的竟然是她？或者再具体一些，《大话西游》中孙悟空比较说明问题：他明明爱着白晶晶，为了白晶晶甚至要跨越百年，做任何事情，但是，直到他死去的一刻，他才明白自己真正爱着的是谁。我们不能说孙悟空有白晶晶这个妻子，又爱上了紫霞，这不道德——因为，这是潜意识的过程，完全不受人心理控制。剧情也正是这样的："紫霞只是我认识的一个朋友而已，拜托，我们不熟，只是我做了些对不起她的事情，心里对她有那么一点点愧疚而已。白晶晶是我的妻子，她才是我的最爱。"至尊宝虽然在意识层面不断这样强烈输入意识信息，但实际呢？他在梦中叫了紫霞的名字784次，紫霞才是他潜意识中真正所爱的，只是意识还不知道而已。

当然,这就顺便牵出了另一个问题,就是精神分析基础理论之三:梦境。精神分析认为,梦境中的另一个世界,其实完全是潜意识的存在。梦境中的欢乐、害怕、恐怖,其实都泄漏着你潜意识中喜欢什么,害怕什么。至尊宝在陷入昏迷的时候,开始不断叫紫霞的名字——虽然不能确定他是否做梦了,但他潜意识的状态却泄漏无疑——他真正爱的是紫霞。而更多的人,潜意识的东西通过各种改装,比如梦境,虽然好像梦中的景物完全不相干,却实实在在显示你内心深处的欲望。

有的人不断梦见被追赶,于是拼命地逃。可以很肯定地说,这与你现实中某件事情有关,只不过这事情被你压抑到潜意识中了。某个人从小被人欺负,他的潜意识中已经深深埋下恐惧的种子。他长大了,谁都看不出来怎么回事,但是,他的梦里面,竟然梦见自己总是在悬崖边上,他喘不过气来,他无处可逃。其实,如果他在小的时候,敢于直接面对这件事情,就不会导致现在总是做噩梦。在意识中,他甚至自己都记不得曾经老被欺负的事情了,但是梦境却不放过他,没完没了让他演绎同一个噩梦。再比如,看过《武林外传》的人应该记得这样一个情节:大嘴装疯,被小六用枷锁了起来。老板娘想让小六放了大嘴,于是小六出了一道据说是六扇门专家研究出的测试题。其中有一题是这样的(记得不是很清楚):一个女孩和她姐姐参加一位女士的葬礼,葬礼上这个女孩遇到了一个她心慕的男孩。一年之后,女孩把她姐姐杀了,问这是怎么回事?答案是女孩以为参加女士的葬礼,就能见到这个男孩,于是她杀死了自己的姐姐——这道试题好笑么?不好笑。因为这道试题的来历相当不简单!这是精神分析的创始人弗洛伊德亲自处理过的一个梦境,它所指向的其实是我们每个人真实的潜意识状态,如果我们笑她,其实不妨说我们在笑人类自己。事情是这样：一位女孩，不断在梦中看到她姐姐死后躺在棺材里面的面容。这个梦不断出现，让她感到彻底地绝望和恐惧。是不是这个梦预示着我姐姐要死去？是不是我想杀死我姐姐？这个女孩被这些问题折磨着，终于鼓起勇气找到那个时候还为学术界所不齿的弗洛伊德。弗洛伊德运用各种手段，包括催眠、暗示、共情等方式，终于让女孩找到了她潜意识中的那个种子——女孩基本上采用了一切方式阻止自己想起这件事，不想让人知道。事实是这样的：在一个女孩的葬礼上，女孩遇到了一个自己心慕的男孩，但以后再也没见到。于是女孩的潜意识扭曲了这件事情，女孩觉得，只要参加葬礼就能见到那个男孩——经过潜意识各种各样的包装，女孩总是梦到她的姐姐死了，总是梦到棺材，其实就是为了见到那个男孩！

问题找到了，弗洛伊德用了合适的方法，很快就让女孩从这个梦境走出来了，让潜意识暴露于阳光之下。但对于大多数人类说，认识自己的潜意识是一个比较困难的过程。而当我们做噩梦，用种种不祥的东西来说这个梦境意味着什么，或者认为自己不会幸福的时候，其实，无非是潜意识和我们做的游戏。潜意识在编辑梦的时候，很会变形，把种种不同的场景拼在一起，我们如果仔细回忆梦中的场景，一个有趣的现象发生了：很多地方，很多场景，包括里面的很多人，好像都是似曾相识的。不错，事实就是这样的，潜意识把这些素材编在一起，只是为了塑造一个场景，但故事的主题是不变的。说到这，另外插一句，我们前面讲到的本我，其实正是深埋在人类的潜意识中的。所以，潜意识中有太多罪恶的东西，当编辑梦境的时候，这些罪恶的东西就直接转化为恐怖。它们变成老虎、毒蛇、魔鬼、骷髅等，制造恐怖片达不到的效果。所以，在梦中被吓醒，这是完全可能的，而那种害怕真真切切！

除了恐怖的梦境，另一个就是和现实有关的了，这在精神分析的解释更加简单。很多男孩子在青春期的时候都做过艳梦,或者梦到过裸体的异性。这个现象其实非常容易理解。当男孩子长到一定程度的时候,身体发育已经成熟,强烈的身体欲望是汹涌澎湃的,即使他的意识在忙着学习考试,做其他的事情,但潜意识不打算蒙蔽他自己——所以梦中这样的场景就出现了。还有一种就是特别高兴的梦:睡着睡着突然笑了——其实无非是潜意识里有某个强烈的信号在刺激你,比如,你这次考试得到第一名,你倾慕的女孩向你示爱,等等,你的意识已经影响到潜意识,你的潜意识也只好想办法让你高兴。于是在梦中,你获得你自己所有想获得的,于是睡着了你也能笑出声来。

说了这么多梦境的理论后,我们的话题要转到下一部分了。其实这一部分上面内容已经提及,这也是弗洛伊德之所以为当时的世俗所看不起的直接原因。牛顿曾经有一个问题,谁推动了地球的转动,这成为物理学,甚至神学、哲学领域永恒的问题。这个驱动力问题,不可否认其元问题的特性。而人那么沸腾的本能,追求权力的意志,到底来自怎样的驱力呢?少年维特"在幽静宜人的峡谷,在岩缝中的清泉,浓荫匝地的大树,沉湎于静谧的自然的怀抱里,人的心总该是平静的吧",而维特依然感到"心不平静","我需要催眠曲……为了使自己沸腾的血液冷静下来,我常常哼着这首曲子"。激越的能量让维特以超出常人的热情去体会生活的幸福,"上帝留给他那圣徒们过的日子也不过如此吧。不管我将来会怎样,反正我不能再说,我没有享受过快乐,没有享受过最纯净的生之乐趣""在这里我充分感受到作为一个人所能拥有的全部幸福"。然而维特却不会释放,于是他发现"我浑身充满活力,却偏偏无所事事,闲得心烦","处于一种坐卧不安的状态,就像人们说的那些被恶鬼驱赶着四处游荡的不幸者一样。有时,我心神不定,这既非恐惧,也非渴望,而是一种内心莫名的狂躁,几乎就像要撕裂我的胸脯,扼杀的喉咙!难过啊,难过啊"。

人的能量,大致如此,然而是什么赋予了人类如此强烈的欲能呢?弗洛伊德语出惊人:是性,性是一种促使人类一切精神行为的基本力量。在弗洛伊德的学说中,处处都存在着性的影子,他简单却又直接地把人类若干种行为进行归纳,认为所有的力量来自人的性欲。在弗洛伊德的时代,禁欲主义笼罩着时代的帷幔,所以,弗洛伊德鲜明打出这个旗号,在当时成为上流社会的笑柄。不过不管怎样,精神分裂症等在当时看来无法治愈的疾病,竟然都在弗洛伊德的努力下治好了——而在当时,这类神经症被认为是恶魔上身,不可能治愈的。弗洛伊德是个伟大的先知,他的理论让人们开始关注人类精神本身,虽然欲掩还羞,但人们开始慢慢接受他的理论,他的理论在后来发展成为一门科学。那么,弗洛伊德认为性是人类的驱力是否正确呢?

其实,问题远远不能用是否正确来判定,因为任何一种学说,都会有它的长处和短处。爱因斯坦的相对论,虽然造就了一个时代,但在量子领域来看,也存在着巨大的漏洞。问题在于你愿不愿意相信,或者你更愿意相信谁。比如,弗洛伊德认为,人的肉体是一个性欲的载体,它时刻沸腾着——就是人类的本我或本能。人类肉体只要存在,就不断受到这种力量的驱使,从出生一直到死亡。即使是儿童,虽然表面看起来是无性的,但是仔细分析,他们的一些行为其实也充满了性意味。这个问题,我点到为止,因为弗洛伊德的一些言语我是不好意思说出口的,如果大家感兴趣,可以自己读一读精神分析的著作。我喜欢精神分析这门科学,但是,对于一些问题我有自己的看法。精神分析史上第二位大家——弗洛伊德的学生荣格,也是这样。他开始的时候完全接受弗洛伊德的学说,后期发展出自己的精神分析学派。荣格并不相信性是人类的基本驱力,人类的基本驱力是更深层次的人类世代相传的集体意识和其他因素。如果尼采也是心理学家，我想他一定会认为求胜的意志，即超人主义所谓的欲望，可以作为人的原动力。尼采和叔本华等唯意愿主义有一个共同的假设：人类本身就是欲望的载体，所以肉体的存在，即意味着欲望的存在，就是人类的一种原生动力。

原始的精神分析理论，对性的论述占到了大多数篇幅。从某种神秘意义上来说，性的确让人搞不懂，人类为何有性？仅仅是上帝的礼物或者是动物性的一种延续？所以，当弗洛伊德讨论这个问题的时候，带有神秘主义倾向的思考让后人对精神分析更加着迷。我很欣赏中国一位作家的一篇文章，叫《性而上的迷失》，见解深刻，力透纸背。其中有这样的话："道德是弱者用来制约强者的工具。女性对于男性的体弱状态，决定了性道德的女性性别。在以前，承担道德使命的文化人多少都有一点女性化的文弱，艺术和美都是女神的别名。曹雪芹写《红楼梦》，认为女人是水，男人是污浊的泥。川端康成坚决地认为只有三种人才有美：少女、孩子以及垂死的男人——后两者意指男人只有在无性状态下才可能美好。"

性基本上贯穿了精神分析的始终，但那是弗洛伊德时代。现代的精神分析，已经不再把对性的研究作为最重要的目标，而把研究领域转向了其他方面。比如说，对创伤的研究，对心理防御机制的研究，对人格重塑的研究，等等。而现代心理学的各个学派的理论，都为精神分析提供了更多原料，让精神分析理论拥有更强的解释力。心理学流派虽然多，但就我看来，精神分析理论仍然是心理学中最值得期待的理论。而精神分析的作用，远比认知学派和行为疗法学派的作用大得多。良好的精神分析，可以彻底重塑一个人的性格，这不是其他学派可以做得到的。而如果学会用精神分析的方法进行自我心理保健，无疑能让一个人获得强大的心理能量和精神力量。

第六篇

讲好爱情主题的十个建议

写在前面 ❖

在高校极端事件中,心理问题和感情问题占大多数,其他意外性事件只是少数。而感情问题和心理问题是相互联系的,感情问题可以提升到心理问题的高度处理;或感情问题并未引发心理问题,正常人只是进行了一种极端选择。后一部分人是可以挽救的,只要一个恰当、适时的告诫和阻止。所以,辅导员讲感情问题有其道义上和职业上的必然性,没有什么不好意思讲,只要讲得好,善莫大焉。

爱情是人类的永恒主题。大学时代更是爱情意愿强烈爆发的时代,根本无法抑止。对此,多数高校都能正确认识,但也有少数高校,少数领导者或辅导员,采取了"堵"的做法。对于感情问题,疏大于堵,理顺大于无为。

讲解爱情问题需要功力,部分青年辅导员被感情困扰,纵使有一千个一万个理论,到实践时都没什么效果。而错误的理论一旦传播,破坏性的因子就会不断积累。所以,讲解爱情需要谨慎。

讲解爱情最关键的就是讲解事实和规则,让学生自己认识、总结爱情的本质;不要讲解某种理论和"相信性的见解",因为我们都是凡夫俗子,既无法按照自己的想法杜撰爱情剧本,更不能左右爱情进程。

哪个男子不钟情,

哪个少女不怀春。

这是人性中的至善至纯,

为什么其中竟有惨痛飞迸?

亲爱的读者哟,

你哭他,你爱他,

你要在耻辱中救出他的名声;

看,他的灵魂正从泉下向你示意:

做个堂堂的男子吧,请别步我后尘!

　　每次给学生讲解恋爱问题,我一定会吟诵这首诗,把少年维特的故事讲给他们听。每到这时,我总能看到一张张充满真诚的脸,和那些意犹未尽的表情,这大概是关于情感问题的第一堂课——或许以前也曾有过,但那是一种说教、威胁和画饼。从来没有人和他们认真地、在真正平等意义上讨论过感情问题,而这恰好是他们迫切需要的。

　　爱情本是人类最美好的情感,可是在中国,学生从小学到大学,都会被各种言论强加于身,姑且不说这种对于美好情感的剥夺本身有多么残忍,到了后来很多人都丧失了"爱的能力",剩男剩女哀叹自己找不到对象,一些人却又被爱情弄得死去活来。因为感情问题处置不当,大学生中出现极端案例的比例远远大于其他群体。在感情世界中,这些孩子总会有些出奇的、幼稚的或者让人意外的表现,有时让人哭笑不得,有时换来一声叹息。

这或许不是"思想政治辅导员"的分内工作,却是一件关系人的生命和尊严的事。究竟该如何处置感情问题,很多人觉得无从下手。我想,处置恋爱问题的关键在于"预防"——不要误会,不是预防谈恋爱,那是不可能禁止的,也本不该禁止。预防是指通过讲解预防性知识,告诉学生们"如何去爱"。从实际效果来看,听过爱情讲座的学生和未听过的学生确实有很大的不同,因为他们想得开。

一、为什么总追不上心仪的女孩

感情问题有一千种讲法,每种讲法都会吸引听众,但有的让人兴奋几天后就彻底忘掉,而有的却让人回味悠长,甚至成为行为准则。一般讲解感情问题的时候,基于主讲人的经验和一些案例的讲解,能在短时间吸引听众的注意力,可效果并不长久,因为这并未站在学生的立场设身处地为他们考虑问题。

比如,标题上所提到的问题,恐怕很多人看到的第一反应是:身为一个辅导员,讲怎么样追女孩合适吗?这也太"离谱"了吧。其实,没有什么合适不合适,关键还是看效果。我们并非作为爱情专家解决情感问题,而是作为一个老师,给学生正确的人生建议。

为什么追不上心仪的女孩(男孩)?可以说是所有憧憬爱情的人都特别关心的问题。绝大多数的人肯定是单身,拿到感情船票的人是少数。于是,各种无奈只好转化为自嘲,"高富帅""白富美""穷矮挫""屌丝"这样的词就是最时髦的自嘲——本质上是一种借口。爱情与金钱有关,也只是一部分人的最终选择;金钱只是影响感情的一个因素,没有决定感情的全部。你没有追上人家,就拿这样的理由搪塞,既是对自己的贬低,更是对别人的不公。

　　为什么追不上心仪的女孩（男孩）？答案很简单，就是缺乏所谓"爱的能力"。本篇文章所有的核心都会落到这个词上。简单说，你凭什么让人家注意你？凭什么让人家喜欢你？凭什么让人家爱你？

　　表白，拒绝，自我悲伤一把；再表白，再拒绝，再自我悲伤一把。到了一定程度，甚至觉得生无可恋，"为什么这世界上没人爱我""你就是嫌我穷"，陷在自己制造的悲伤中无法自拔。而且这东西还上瘾，走不出来的人会产生自闭，遇有邪佞入侵，可能会一时想不开从楼上一跃而下，把悲伤留给所有人。

　　我则会这样给学生讲，问一些非常实在的话：你很帅？不是；你有钱？不是；你有才？不是；你学业一流？不是；你才华横溢？不是。你篮球打得好？没有；你唱歌好听？一般；那你很愿意帮助别人？好像没看到；你很体贴人？你衣服都不会洗；你很热心？用在组战队打DOTA和LOL上了？你才能超群？每个人的眼睛都是雪亮的；你很温柔？不说话代表温柔还是无趣；你给人安全感？什么叫安全感？你给我什么安全感？——这个那个你都没有，我到底要看重你什么？！

　　这样问有三层用意：一是从心理学上讲，谈论自杀不会自杀，这是一剂非常有效的杜绝恶性事件的预防针；二是帮助学生思考，很多学生思维极端狭窄，只喜欢沉浸于悲伤，却不分析各种原因，而一个小小的分析可以让他们从思维的死循环中走出来；三是这么讲的真正用意：既然你什么都没有，那当然要去拥有。你必须提升自己的能力，让自己强大，才能让别人注意你，才能获得别人的认可。在你有能力去获得爱之前，你所追求的一切，本质上都是一种虚无。这样，无形中把问题拉回到学生如何完善自己、提高自己的问题上，会有意想不到的效果。

二、怎样吸引他（她）

上一个问题看似是专门讲给男生的，其实男女生通用。这个问题看似讲给女生的，其实和上一个问题一致，怎样有"获得爱的能力"。

实证研究确实表明了这样的观点：女生看男生，有很多方面可以考虑；而男生看女生，首要的也是具有决定性意义的因素就是外貌，一美遮百丑确实不假。可是，美貌的人永远是少数，很多相貌平平的人虽然不能让男生一眼神魂颠倒，但最终不仅能找到自己的归宿，甚至更幸福。她们究竟是靠哪些方面吸引人？

外貌的因素是一个不可或缺的因素，你可以长相平平，但通过合理的化妆以及衣着搭配，可以尽量掩盖自己长相上、形体上的缺点，发挥优点。上大学的过程对于很多女生来说也是学会变美的过程，她们会逐渐找到属于自己的风格，通过"变美的技术"让自己变漂亮，通过气质的修炼让自己具备别样魅力——不可否认，这也是一件美好的事。不过，这不是问题的全部，以为漂亮一点就能吸引人，本质上还是靠不住，真正能让人注意你，最终决定和你一起共度人生的理由，还是内在的因素，即所谓的"内在美"。"内在美"的提法被一次又一次提起，到底怎样才算内在美，很多人却说不清。其实，所谓内在美是一种能够征服人、感动人、软化人甚至让人迷恋的东西，本质上是一种优秀。内在美一定不是平庸的东西，它能吸引人，能直指人心。可以举一个简单的例子，职场上很多美丽的女子，并非靠她所谓出众的外表，而是从骨子里散发出的一种自信、独立、阳光和力量把人征服。一个独立自信的女子是如此吸引人，外表反而退居其次，只是某种"画皮"。

退一步来说，并不是每个人都具备超过别人的才华的，这些人又该怎么办？其实很简单，所谓的内在美并非就是高人一等，而是在平凡生活中表现出的正能量，比如正直、无私、善良或者其他美德，都会诠释你的内在美。不过这里还是有一点不同，你要让人认识到你是这样的一个人，需要有一种恰如其分的表达方式，需要有一种将自己展示给别人的能力，这可以说是一种技巧，也能称之为"获得爱的能力"。

而错误的方式就是：自怨自艾，苦恼不堪，在空间和微博上大发牢骚，随便找人都倾诉，每天懒洋洋病恹恹，对别人的成功说闲话，自己不爱参加一些集体活动，不看别人的优点专门找别人的缺点，凡事到自己这里就斤斤计较……这样的人怎会讨人喜欢？谁中枪了，自己默念，改吧！

三、如何表白

对很多人来说，表白都是需要勇气的事。然而有的表白虽然没有直接得到同意，但种下了好的种子；有的表白让人反感，很好的事反而变得很糟。

时代的宽容，让学生开始学着浪漫。在高校中，几乎用不了多久我们就可以看到"大型表白仪式"。在女生宿舍下吉他弹唱式表白已是老土的办法，摆满 999 朵玫瑰花、拉出大条幅、发动若干个男生一块去喊，穿着玩偶衣服把人团团围住，甚至让整栋宿舍楼在夜晚摆出一个"心形"，一群小伙子在楼下唱情歌……没有做不到，只有想不到。

这很浪漫，对于被表白者的杀伤力足有百分之七十；但是，本质上这是一种强迫，没给对方留余地，也没给自己留余地。一旦被拒绝，怎么办？当然，人们是宽容的，知道被拒绝的结果也只是当成一种笑谈。对被表白的女生来说，也许她并不排斥这个男生，可是这样一种逼迫同意的方法发生在没做好准备之前,结果也可能适得其反,反而坚定决心一口拒绝;对于男生来说,如果你被拒绝了,但你的事迹仍会天下皆知。有一天你喜欢上别的女生,让人家怎么看待你这段"光辉历史"?

其实最好的表白,是把表白蕴含在某种玩笑中,既是如此认真,却又泯然一笑。在一定的场合下,彼此的心态都很放松,心情也很柔软,在说说笑笑之中,一个看似玩笑却又真诚的表白顺理成章,又如此轻松。即使被拒绝,也可当做一个小小的玩笑。

我确实看到过被表白憋坏了的男生女生,错过了一段美好感情,只能抱憾终生。

四、怎样拒绝

拒绝人是一件有点难为情的事,有时候比鼓起表白的勇气还烦恼。

一个人向你表达爱慕,这是一种非常美好的感情,心里面珍惜吧,这种天然产生的情感弥足珍贵,这是一种恩赐。但是,除了一份你确定的表白要接受以外,其他的都要拒绝,而拒绝有时候让人如坐针毡。

三个建议:第一,要留给对方尊严,莫要让拒绝毁掉别人的自尊,甚至立刻由爱生恨;第二,拒绝要彻底,保留尊严不是留给对方余地,相反,如果决定不接受一定要让对方断了想法,越彻底越有利,以后还能做朋友;第三,遇到死缠烂打的类型,在表达了拒绝之意之后,最决绝的拒绝,就是不再回应。任你再怎样纠缠不放,我就是不回应。这需要足够的宽容和忍耐,哪怕对方恶言相向。在经历过几次不回应后,一般人都会鸣金收兵。不过遇到死缠烂打、永不放弃的类型,或许是你的缘分,也或许是你的麻烦。

拒绝人也是需要勇气和技巧的,一次好的拒绝,对双方都是好事。

五、吵架的学问

"吵架学"是一门特别有用、特别实用、特别常用的"实证科学"。学生如能达到吵架学入门水平，就是成功，不枉我们一片良苦用心。

吵架是一种必然，不吵架只是偶然。对于两个不同生活背景，不同生存经验，有着各种不同人生经历的人来说，走到一块必然需要找到一种共同生活之道。不是每次自己的表达都能被对方充分理解、宽容，有时候，不得不用吵架表达自己强烈的愤慨，而另一方一定觉得，这就是无理取闹。所以，我们经常会看到这样的情景：两个人明明相爱，一见面却视同仇人；冷静下来时又后悔万分；但一见面又再次陷入战争。这究竟是怎么回事？

原因就是不会吵架呗。有一个故事：一个孩子特别爱发脾气，他的父亲就让他每发一次脾气，就在墙上钉一个钉子；慢慢这个孩子开始学会控制自己，每次有进步，就拔掉一个钉子。终于有一天，孩子拔掉了所有的钉子。可父亲告诉他，看，那些钉子或许可以拔掉，但那些伤痛却永远无法愈合。

不会吵架的人，就在人为地钉钉子，人为地制造两个人无法愈合的伤痕。一些话说了，造成的伤害是永久的，不可挽回，即使两个人相爱，也无法再站到一块。可也有人每次吵架很凶狠，但越吵越亲，每次吵架反而增进了理解，最终携手成为人生伴侣。

问题何在？答案很简单。吵架要建立一套规则，这是规则外的规则，视为最高原则，两个人谁也不可逾越。比如说，最基本的规则就是不能拒绝接电话，不能拒绝见面，即还要给对方机会；往上依次可以为吵架不能当着外人的面，要内部解决；两个人确实觉得解决不了了，能找谁解决或一定不找谁解决，要事先约定；吵架要限时，一周内不管怎样要告一段落；吵架或许最终谁都觉得自己没错，但吵架结束必须相互认错，说说这次自己哪里不对……规则当然是自己定的，什么重要定什么规则。不能动手打人要不要列入规则？当然，如果必要。我只是觉得，吵架都能动手的人，本质上是性格上的缺陷，和他（她）在一块还有什么乐趣？

高明的吵架不会给对方钉钉子，而是告诉对方，这是我重视的，你要尊重我的习惯或选择；这是你喜欢的，我虽然不喜欢，但会为你而喜欢。每次吵架都要解决某个问题，或者认识上的，或者习惯上的，或者选择上的。喜欢一个人的过程本质上是接受对方的缺点同时让别人也接受自己缺点的过程，吵架必不可少，只是要越吵越有水平——直到两个人可以用更和谐的方式解决问题，我想，这份爱才叫做真正的"爱情"。

讲吵架的学问，对避免学生因为恋爱矛盾出现恶性问题有着极其有效的作用，可以一试。

六、爱情与隐私

爱情具备排他性、独占性，这种独占，是不是也要包括对方的隐私？

恐怕是，但也不是。因为爱情是两个人的故事，两个人的隐私自然不属于自己，相互间不该有隐私。但我们是一个活生生的人，总会有点和对方无法沟通的事情，或者自己心里的小秘密，需要隐藏，需要保密。那么，究竟怎么对待隐私？

恋人因为对方没有把一些事情和盘说出产生矛盾的不在少数，其实就是对待隐私的问题。我的观点很明确，有三点：

第一，要有过程性。一下子要求对方把所有的事告诉自己并不可能，需要用逐渐加深的感情让对方愿意和你分享他心中的小秘密。一些情侣刚刚建立关系，就要求无条件地知道对方一切，本质上是一种自私和暴力，这不可取。

第二，要有开放自己隐私的准备。隐私就是隐私，有些话确实不好开口，甚至不能开口。比如说某个恋爱中的女生，接到了另一个男生的礼物，但她又不想把这件事告诉给她的恋人，这也是一种隐私。其实，很多人在开始恋爱时都要经历这样的阶段，觉得一些事根本不能说。但是，随着感情的加深和彼此的了解，一些原本以为不能说的事没那么刺耳，说出来反而什么都没有。和恋人一块成长，彼此逐步开放自己，让对方知道自己的小秘密，是更高层次的爱恋。

第三，尊重隐私。在对方不愿意把一些事和你说出来的时候，要认识到，人是一种有自主意识的生物，不能过分强迫。对方有隐私，有一些小秘密，会随着两个人的了解而变得不是秘密。但是，不尊重对方隐私，一定要进入对方认为的危险领域，结果一定会让对方恼火而失望。给彼此一点空间，既是对别人的尊重，也是给自己留个退路。

七、那些不可言说的事

这是一种人性：一个人确实在某个时间，会对其他某个人有好感，即使他正在恋爱。这在恋爱对象看来是不可原谅的。于是双方都很苦恼：一个人纠结自己的道德，另一个怀疑对方的忠诚。

爱情确实具有排他性，这是"爱情"。但还有一种东西叫"好感"，其实是另一码事。让我们有好感的人恐怕不是一个，但只有一个会以爱情作为结果。即使在爱情中，对某个其他人有好感也是正常的心理状态,这是很正常的。恋爱的双方可以扪心自问,你们就真的一点都没有过类似的感情?

好感不会直接转化为爱情,好感和爱情完全是两个层面。一个人会对自己有好感的人进行判断,最终做出选择。如果发现自己的所爱确实错了,那就去追求对的;如果发现纵使对方看上去最美,心中最舍不得的人还是眼前人,这就经历了一次升华。而事实上,很多"好感"只是考验你和他(她)之间的一个测试,通过对这种情感的了解和克制,彼此会知道自己在对方心里有多重要,会了解对方在自己心中无可替代。

我看到一些"高端情侣",他们已无需担心地谈论"我今天遇到一个帅哥,我特喜欢那种类型的"一类的话题。可以谈这些问题的情侣,已经无敌。隐私问题被彻底克服,本不可言说的情感都可以拿来调侃,这样的两个人怎么可能分开?

八、第三者问题

"第三者"和"脚踩两只船"等等,都是特别让人讨厌的事。一些人直接用社会热词"小三"来形容,深恶痛绝。

可是,你们之间为什么会有"第三者",为什么会有"脚踩两只船"?和社会上一些所谓成功人士在获得所谓成功后就抛弃结发妻子不同,大学里的人根本上还是真诚的、单纯的。在这样的情况下,对打入你们内部的第三个人,该怎么看?

其实也简单,你必须选择:要么让扰乱你们感情的人离开,要么你离开。大学里的恋爱本质上还是一种过程,一种选择。虽然他(她)已经答应你,但他(她)还可能在继续选择。你们两个人的情感连接,本身还是不够稳固的。这时候,事件本身就是一种竞争。总会有一个人出局,而且一定是感情淡的人出局,是你,还是她?

不管是你还是她,这其实都不是坏事。要经历的,谁也跑不掉。不及早把这些问题解决了,该来的还是会来。如果把这堂课硬生生地推迟到结婚后,可能破坏力更大。与其那样,倒不如现在就做了结。

不过,也看过这样的情况:某个贪心的人,妄图调和两个他(她)之间的关系,都同时拥有。忠告:离开他(她)吧,这样的人,不值得!

九、毕业,说好的不分手呢

带着纯真感情的学生,绝大多数都是想找一辈子的伴侣开始恋爱的,所以,他们谁都希望自己的选择正确,能陪着走完一生。可是,现实却在一次又一次推翻他们的想法,每年一到毕业季,总会看到这样的现实:毕业即分手,在学生情侣中至少占据半壁江山(实际,我看到的更多)。难不成,大学恋爱真的是玩玩而已,就是一个过程?

其原因暂时不讨论,在讲大学恋爱专题的时候,专门说说毕业分手这个话题是非常必要的。我们讲解事实,列举数字,并不需对事情进行价值判断。无论鼓励毕业分或者合都不合适,只有事实,会帮助学生正视这个问题。

所谓的恋爱,当然要注重结果,但过程同样重要。毕业即分手,或许仍然相爱,但已经被钉子扎透,无法挽回;或许身不由己,确实没法选择;或许情已淡了,当朋友还好。无论你是否愿意承认,毕业即分手确实是一种摆在每个人面前的可能……通过让学生了解毕业可能分手的事实,要让他们知道:

(1)爱的时候就轰轰烈烈,让自己曾经爱过。

(2)如果注定分手,不需"死去活来",只需要平平静静,好聚好散,还能当朋友。

(3)要为对方留有余地,要给自己留有余地,尤其是一些女生,要懂得自重。

(4)毕业即分手未必是最终结局,经过自己全新地寻觅,发现之前的人就是"自己的菜",回过头来再和大学恋人重新开始生活更是人生的恩赐。

(5)最重要的一点,分手就分了,不要站在道德的高度上去评判对方的所为。毕竟,都爱过,真诚过。分手,只是结局中的一种。不能因为分手否认对方曾经的付出,更不能因为分手把原因都归结到对方身上,恋爱没有对错,分手也没有谁对谁错!

每次说毕业即分手的问题时,无数情侣们暗下决心,这一定不能发生在我身上。但是结果呢,结果只是结果,曾经认真爱过,比什么都重要!

十、致我们终将逝去的青春

两个人相识、相知、相爱,手挽手走进婚姻的殿堂,握紧双手迎接暴风雨,抚育孩子,品味生活,看着对方变老,静静地离开。爱情,是一件多么伟大的事!

写这本书的时候,电影《致我们终将逝去的青春》已经热播两个月了,还在散发余温。其实,电影讲的什么不重要,重要的只有一点:青春易逝,结局难料,但终将逝去的只是青春,当年的情感却是纯真的、真挚的,永不消逝!

我只是想说,不管是正在追求或者已经获得所爱,不管是正在秀甜蜜或者闹别扭分分合合,爱情,都该是认真的、真诚的、至善至纯的。爱在大学,该是人生中最美好的时光。

十个建议讲完,给学生打了足足十剂疫苗,会不会让学生们少走弯路,不走上邪路呢? 每到毕业季,看到大学里三三两两的毕业生情侣,或者在私语,或者在憧憬,或者在伤怀,我心中总有一种说不出的滋味。爱情是美好的,不管结局是什么,我都衷心希望……借今何在《悟空传》中的几句话吧:

"原来一生一世那么短暂,原来当你发现所爱的,就应该不顾一切地去追求。因为生命随时都会终止,命运是大海,当你能够畅游时,你就要纵情游向你的所爱,因为你不知道狂流什么时候会到来,卷走一切希望与梦想。"

祝:我们的学生们,你们,终能找到自己的真爱!

有关爱情

一、在追逐中

在青年的世界中，学习、家庭、娱乐、游历、体验等，有可能替代一个人对于异性的情感需求。但更多时候，这所有的一切加起来，也不如对于异性感情的需求强烈。所以，一些青年人信奉：有了你，我就有了全世界。

爱情是一种最美好的情感，没有人可以否定。但在当下，爱情有时候被扭曲成很奇特的东西，很多人并不敢去热烈地赞颂。

一份单纯的爱情，很难说在历经了许多之后能否保留。最终的情感归宿，都是经历了爱情小学、中学、大学甚至研究生、博士生、博士后毕业之后的选择。没错，归宿是理性的，但单纯爱情恐怕出自天然的无知。

不能说大学的爱情就是单纯的，但比较起来，大学里的爱情单纯得多。

爱情单纯与否，与爱情质量无关。那种把现实中的爱情和理想中的爱情混为一谈的人，多数在经历不快乐。

爱情就一定能走向结合？这是两码事，爱情和婚姻没有等式。从爱情走向婚姻，那是一个距离不短的过程，需要层层考验。哪怕有一点差错,也会咫尺天涯。

爱情和幸福有关?那是当然!但很多人爱情幼儿园阶段都没毕业,想走向幸福的彼岸有点难。

暗恋和爱情完全不是一回事,甚至暗恋和好感都不是一回事。一个人正常的爱情世界中,会对很多人有好感,会暗恋几个人,但能提到一个"爱"字的,则具有某种排他性。由"爱"字进化到爱情,则更有一段路要走。

有人为喜欢一个人的同时又喜欢上另一个人而羞愧。这确实应该羞愧,因为爱情本来就该是排他的。但是,你若心里有这样的感觉,就真能骗得了自己?其实,不必骗自己。真正的问题在于,爱情是需要负责任的。当你选择了一个,其他的感情就该弃之一边。这不是个简单的道德问题,而是责任。

爱情不是一个人的事,甚至不是两个人的事,而是很多人的事。但是,决定权在两个人。

追一个人的感觉很好,那些心跳经历让人倍受煎熬,在失望中寻找希望。当然,胜利果实无比香甜。

想要得到异性青睐,为之做了无数奋斗,可看到伊人仍然挽了别人的手臂,于是为之心酸难过,甚至自暴自弃。我只是想问一句,你,凭什么让对方喜欢你?

两情相悦这种事虽然少见,但是存在。但两情相悦与中彩票的几率不分上下,还是不要让自己存在侥幸心理的好。

一般来说,两个人的感情是不同步的。正常地确立关系一般都是一方对另一方有明确好感,另一方则不讨厌一方。在这样的前提下,一方的不懈努力,另一方的逐渐悦纳,两人最终可以走到一块。

感情一定会以一方的先付出为开始,但是,"先"不代表"多",更不代表别人就欠你什么。感情是平等的,并不是以交换为规则。

有时候,爱情的原因始于无聊。

有了爱情,两个人做个伴,至少这是一件战胜无聊的事。

发誓不是爱情,只是粉饰爱情的手段。

如果对方不喜欢你,之后入戏一般地喝酒,自暴自弃。我只能说,你从一开始就输了,你永远得不到爱情。

想去追求对方,先衡量一下自己。自己哪个方面能吸引对方? 有才有貌有安全感有信赖感有爱心有趣有钱……哪一条? 问问自己,哪一条能吸引对方?

如果你仔细审视了自己,恰好发现自己在任何一个方面都一般,怎么办? 不必放弃,放弃证明连暗恋都算不上。你需要做的,是提升自己的素质。

关于爱情和金钱之间的关系,别先站在道德的制高点上审判。爱情和金钱当然不能画等号,爱情和金钱之间的互为促进也不过是众多吸引力中的一点。当代社会对于物质的需要,并非仅仅是爱慕虚荣,也有很多实际的原因。爱情需要物质基础,别非得等到承认失败的时候才承认这一点。爱情并不是靠金钱买来的,有一些人会做这样的交换,但是,更多的人,还是愿意把自己的幸福托付给值得托付的人。

别用"就因为他有钱你就跟他"来简单评价你心中的异性,从根本上来说,这是懦弱而无知的表现。

面对高帅富,知难而退更为实际一些。但是,高帅富毕竟是珍稀品种,在实际的竞争中,不是每次失败都来自对手的"强大",仔细反问自己输在哪里。

物质基础决定一个人的习惯和生存选择。家长们以刻骨铭心的经历告诫自己的子女,要找门当户对的,其实是一种负责任的表现。虽然任何年代都会有很多人证明门当户对不适合他们,但最终大多数人的选择还是务实并真实的。门当户对是一种理性,不仅仅是因为经济基础,更有在此经济基础上养成的精神层次和生存习惯。

如果把物质和门当户对都抛开,所谓的爱情就该是对对方的吸引,那么,你用什么去吸引对方?

我很难说每个人要用怎样的具体方法去追求异性,但是一些原则是通用的:追求爱情,需要执着、真诚、付出和厚脸皮。凡是在某个方面达到一定境界,结果都不会太坏。

觉得自己做了很多?那是你自己这么认为。在当下的社会生态,当父母为你的付出成为一种习惯的时候,你甚至学不会为别人作基本的付出;当你已经觉得为对方付出了很多的时候,可能连基本的打动都没做到。

觉得自己很执着?执着是做出来的,并不是每天光说不练。我亲见的一位朋友,追求一位女生四年,风雨无阻,最终抱得美人归。这才叫执着。说起他,大家无不佩服。

觉得自己很真诚?真诚有时候需要去剖析自己,认识自己,知道自己的耐受程度。爱情应该是把最好的一面展示给对方,但是,真诚的爱情应该是愿意把自己的所有都给对方。很多人在付出了一点东西后,觉得没有相应的而且及时的回报,就很不爽。事实上,这离真诚很远。

所谓厚脸皮,有时候是追求异性的不二法门——虽然可能让人生厌。

当你去追求对方的时候,看到的是她/他最好的一面。你真的确信自己能接受她/他另一个让你不喜欢的一面?

当对方看到你不好的一面,可否想过,为对方改变?别说得那么轻松。很多青年人会说:"我天生就是这样。"这句话其实是最无理的一句话,什么叫"我天生就是这样"?自己的缺点理应羞愧,怎能变成要求别人宽容的不可辩驳的理由？

追到或追不到，都是人生的经历。一次性追到的人很少，两次或者多次追到才比较正常，很多很多次追了很多很多人最终追到才非常正常。别以为就你追不上，其实追不上爱情的人很多。

男追女和女追男。如谚语所说，女追男比男追女容易得多。

当你对对方有好感的时候，就应该保持一种观察的心态，去看对方会怎么做。我想，去接受一个人的时候，总有某个理由促使做出这个决定，进而坚决捍卫这个决定。

爱情不是游戏，却需要游戏的态度，大不了输了重来。

所谓的"情敌"，是一个讨厌的家伙。打扁了他，就能获得异性的好感？恐怕你错了。情敌本该是你的动力，用不齿的方法去收拾人家，只会让异性心里也有点怕你。当然，确实有因此而成功的，所谓的轰轰烈烈一把，但这样的爱情能否坚固？

在恋爱中，男性和女性的虚荣心是一致的。摆上 999 朵玫瑰，一般都具备异常强大的杀伤力。至于在高校中各种大规模杀伤性的表达，一般不会出现太糟糕的结果。不过，当你使用大规模杀伤性武器的时候，小心伤到自己。

爱情不是绑架。用自暴自弃或者自残行为逼对方是一种绑架，另一种时候，超范围的公开表白也是一种绑架。

制造情调，需要相当不菲的成本。

在爱情的追逐期，制造情调可以说在所难免。但情调不一定是小资，不一定是优乐美奶茶星巴克咖啡，不一定是电视中所制造出的任何一种情景。情调应该是专属制造的，了解对方，为对方专门制造出的场景，才具有致命杀伤力。

走入一个人的心田，那是一件多么难的事。

错过也是一种幸福。

爱情如梦,爱情入梦。

所谓的让我一次爱个够,只是唱歌时的一种勇气。真正的爱情本就应该是绵长的、悠久的、永不停息的。至于所谓的轰轰烈烈,偶然有之则可,天天这样为病。

所谓的星座运势,无非是心理的投射,用一种无法解释的解释去宽慰自己的心灵,用一种假装成立的理由鼓起自己的勇气。

你了解你所喜欢的那个人吗? 如果你连她/他喜欢什么都不知道,你怎么能赢得对方的芳心?

爱情应该是一种轻松甜蜜的感觉,如果太过沉重,问题多半出在你自己的身上,需要反思。

在追逐中,每个人都如同初生婴儿一般,或者智商本来很高,但表现却相当原生。爱情需从尝试、实践到实战,直到结果——同人生一样,从幼儿园一直到大学毕业,爱情才算毕业。

二、在爱情中

吵架是爱情的必需品。

不同的生活习惯乃至人生态度,需要统一于爱情这么个奇怪的框框里,其实并不是一件容易事。有的问题可以协商,有的问题还需要吵架。

吵架是一门学问。糟糕的吵架就是在两个人之间制造裂痕,如同钉子的故事一样,当你在对方心底钉下钉子,即使拔出,伤口却可能永远无法愈合。正常的吵架是情绪的宣泄和周期性协商。高水平的吵架,则是爱情生活中的润滑剂。很多的不同统一于同的时候,争吵是一种必然。但不伤感情的争吵,能解决问题的争吵,争吵完了更爱对方的争吵，才是吵架的最高境界。

不会吵架，爱情的煎熬程度比较高。

爱情的实习期，会在吵架中度过。

爱情需要订立一些小的不可违反的原则，比如，无论对方怎样，都不能挂掉对方的电话。

不过，闹矛盾而不挂电话的爱情，目前没有看到过。那么，总要有一种方式，作为最后一种方式——你总需要给对方机会。

爱情中的对错，未必来自谁先认错，而来自宽容。

互相促进的爱情，总是一种美好的爱情。两个人的爱情和人生目标统一于一件值得追求的事，就可以说是提前迈入了"真正爱情"的行列。

而很多人的爱情，与其说是爱，不如说是在玩耍、戏谑。

两个人确定关系，就叫"爱情"了吗？那爱情未免有点不值钱。真正的爱情需要考验。

期望值不同步的爱情，很难说会有较好的结果，甚至连一个比较快乐的过程都很难得到。

爱情不是一方为另一方付出，爱情不是一方考验另一方。爱情是相互的，失去相互，爱情之花终会凋落。

爱情更不是一种绑架，爱情是自由的、平等的。居高临下或自卑懦弱都不叫爱情，只是被爱情的名义绑架。

爱情需要惊喜，如同在追爱过程中需要惊喜一样。

爱情有时候需要强势：我们去那比我们去哪更能让对方开心。

同玩的爱情是有趣的，两个人在一块，当然应该比一个人玩得开心。

不知道两个人在一块要做点什么？其实，何必强求一定要做点什么呢？在我看来，有机会就抓住机会，没有机会，两个人在一块就该是一种快乐,何必非得需要什么形式呢?

制造情调对爱情永远是一件好事。

爱情的保质期始于激情而结束于失望。

寄望于来生的爱情不如不要。爱情就该是当下的一种感受。多年以后,你会发现什么来生再续,不过是自己欺骗自己的一个理由。

共同面对困难,勇于为对方担当,这没什么谈得上"奉献"的。爱情不是交换,本就应该是把两个独立人的事合成一对情侣的事。不为对方解决困难的爱情叫什么爱情?

总需要有一个给对方道歉,总需要有一个先给对方道歉。

爱情再好,需要台阶。给了台阶不下的小朋友,自己种下麻烦。

同玩同游同乐,还要共同思考未来。青年的世界本来是无限的,爱情不应该是枷锁,让人无法迈出一步。爱情应该是发动机,为了未来而去激励对方共同做点有意义的事。

其实,爱情应该是喧闹的世界复归于宁静后的归属感。

爱情不是束缚,虽然爱情需要两个人共同面对,但两个人就是两个人!人需要有自己独立的空间,需要有自己的生活。爱情并不是丧失人的个体性,而是让心灵的缺口由对方补足。除此之外,人,就是独立的人。

为爱情低头,不是丑事,反而值得褒奖。但为爱情屈膝投降,丧失自己的人格,则注定是一种悲哀。

电影和爆米花——如果给爱情画一张海报,这可以是其中最大的元素。

在别人的故事里,自己的爱情总能得以净化。

爱情就是排他的,这是权利,也是义务。

爱情从来都该是快乐和痛苦并存的玩意,不可分离。

多少凄美的爱情故事——别骗自个。爱情需要自己把握,世界对任何人都是公平的,所谓的凄美某种意义证明无能,该做爱情的主人,莫被情感愚弄。

爱情不是拥有,而是付出。

你必须为爱情改变,否则就不是爱情。

爱情和友情从来就不是对立的,二者的对立只能说明感情的浅薄。

浪漫、梦、童话,如果你不是童话中的王子,就不必接受只能选择公主的命运。

遇见爱情,遇见自己。

哭泣不是爱情,绝望不是爱情,爱情应该是甜蜜的、阳光的。如果制造了过多的负面情绪,两个人都需要反思,究竟是谁在毁灭。

异地恋实在不是一件容易的事,距离考验爱情,然而爱情不该如此考验。

异地恋很少有结局,唯一的结局是到同一个地方来——爱情本不该分开。

需要拥抱的时候,不能只有空气。

能从异地恋走来,还有什么可以打败?

异地恋可以给双方空间,可以让双方重新选择。

爱情需要一句:睡了,晚安!

爱情不该是镶嵌在帽子上的宝石,而是心窝里的心跳。

爱情的电话和短信从来没有止境,如果两个人都不知道说什么了,那样的爱情,是不是出了问题?

爱情是个封闭的小圈子,有时候,因为两个人过于沉溺,会与"大家"有距离。处理在大学中的爱情问题的时候,需要好好想想,如何在两个人的小生活基础上面对大家。

爱情从来和大家是不必分开的,是不是有了爱情,就丢掉所有人?

有的人爱是腻腻的,甚至让别人看着都受不了。也有的人爱是彪悍的,那是更让人受不了的轰轰烈烈。但是,哪一种是错的呢?

在爱情中,阳光明媚,当然,必须经历狂风暴雨。

是不是从任何一个起点出发,都会走向注定的结局?

三、有关结局

结局只有分或者合两种,其他的一概是没走完的"结局"。

分分合合,是爱情的常态。而在走向结局的时候,只有分或者合,没有第三种。

在某年某月某日的路上,或许我会遇见你,遇见曾经的自己。

大学的爱情,一个惨淡的数字,能走到一块的远远不足50%。不管是怎样的轰轰烈烈,都要直面惨淡的结局。

一个人的心中,理应只有一个人的位置。你可以将之替换,但不可同时拥有。否则爱情只是一种贪婪和私欲。

经过了漫长的爱情长跑,最终走入婚姻的殿堂,在大学中留下两个人美好的回忆,是一件多么幸福的事!爱情应该以婚姻作为一个界碑,虽然爱情并不等于婚姻,但不以婚姻为目的的爱情就是要流氓。

婚姻是爱情的坟墓?只能说,那是因为爱情的初级阶段都没有走过,就匆匆走向婚姻。婚姻是一件神圣的事,婚姻应该是爱情的天堂——一个小家庭,两个大家庭,很多很多人,都在祝福你们。经过滋养和成长,当爱情已经成熟的时候,理应走向幸福。

然而很多人,伤透了,离开,是唯一选择。

最瞧不起的人,就是在分开后到处说对方缺点的人。那样不仅仅是输不起,根本就是素质低。

委屈理应是爱情的组成元素。

爱情源于相同,而总是结束于不同。

因为性格分开,是爱情坟墓里最常见的死状。确实,有很多人的性格不可磨合,两个人如同抱着取暖的刺猬,彼此温暖却互相伤害。

因为性格原因分开,大家好聚好散,别弄得最后跟个仇人一样。

性格的互补,是缔造婚姻的良好条件。或者性格都平和,或者性格都活泼,也都可以组成幸福的家庭。但两个天生强势的人,恐怕很难走到爱情的终点。

毕业是一把杀猪刀。情侣们都会茫然地走向命运的案板,等待着最终的审判。

其实,毕业没那么可怕。在我看来,很多人之所以分开,是因为他们曾经伤得太深,只有毕业可以作为最好逃跑的理由。其实这样也不坏,彼此都给对方一些空间。也许这时,你们才能重新发现爱。因为,我也不只一次看到,经过了毕业和生存中的风风雨雨,部分人又走回到一起——他们用毕业、用生存考验了爱的含金量。

父母是一个必须考虑的问题,一般来说,父母给你的选择都不会太坏,他们毕竟是过来人,并非倚老卖老,而是种种经验。父母和子女的选择之间的矛盾,总会不可避免,一定会有一方让步。

其实,在中国,父母让步是居多的。没有一个父母在娶媳妇或者嫁女儿的时候,对对方会像自己的儿女那么满意——他们总会有种种不满,毕竟生活的圈子相差太大,期望值又多数会太高。但是,很多父母在可容忍的范围内,开始接纳儿女选择的另一半——谁让这是儿女自己选择的幸福呢?

但是,如果让儿女让步呢?这是一件可以有光明正大的理由让自己"被委屈"一回的事。很多儿女把父母的反对视为剥夺自己的幸福,顺便给父母又扣上了种种大帽子,这其实并不合适。著名的缺德问题中,妈和媳妇掉水里你先救哪个,你说先救哪个? 如果不是取巧,你根本没法回答这个问题。亲情和爱情,根本就是同样重要的。但在父母想表达自己的爱好和厌恶的时候,年轻人总是觉得自己的权利被剥夺了。

回到一个话题,父母究竟会不会强迫你接受他们的选择? 据我所知,父母的表态多数是一种压力测试,他们的确可能并不喜欢你的选择。但是,在他们感受到你不可回头的决心的时候,最终会尊重你的选择。是的,就是这样,很少有父母会逼着自己的儿女做他们最难过的选择。有时候你看不到头,只是因为没有到他们的底线。

坚持自己选择爱情,这无可厚非。如果一定要坚持,但父母反对怎么办? 我只能告诉你一个看似不是答案的答案:用爱化解。这不是风凉话,而是唯一的选择。一方面,求得你父母的真正谅解;一方面,让你的他/她感受到你的决心。

恋爱可以什么都不考虑,但结婚是必须考虑的。你不再是个小孩子,也许不会立刻让你背起生活的重担,但是,以追求快乐为目的的大学恋爱和以家庭负责为标志的结婚本质是不一样的,你该开始考虑你的人生。

在毕业的 6 月,操场坐满了一对对情侣。他们经意不经意地谈着茫然的未来,谁也不知道将去往何方。这份爱是否可以继续守候?

当然,更为疯狂的场景,是整个公寓楼一起在哀号一首毕业歌,叫《单身情歌》。

有一天,一定会有一天,你将做出自己的选择。然而做出选择并不是立刻达到目的,中间的每次挣扎,都让人感觉在痛苦的边缘。当分分合合成为常态,只有时间知道你们的答案。

爱情不再的种种客观理由，都不是分开的根本理由。唯有一点，是具有绝对杀伤力的：变心。

因为感情问题，故作深沉之态以酒消愁，只是自己人为追求一种恰当情景，让自己入戏而已。酒精从来没能解决人的任何问题，却适合表演使用。

因为分手，一跃从楼上跳下——没有人会可怜你，你只不过成为别人的谈资而已。

那种自残甚至想弃世的人，只是在自己的无限心理暗示中被催眠了，觉得自己痛苦无药可治。在痛苦的瞬间，为了不继续所谓的痛苦，就像鬼魅上身一般做出不明智的举动。很多被救下的人，发现自己重新获得了生命——怎么当时自己就那么想不开？然而，像玻璃一样脆弱的人类，更多是无法救下，没有任何后悔的机会，任由亲人痛哭至死。

情侣间以死相许，那不是爱情，而是迷情。死亡和爱情根本无关，在死神的镰刀下，肉体的毁灭只有爬满的蛆虫有兴趣；或者在烈火中灰飞烟灭，燃料是亲人们的撕心裂肺的哭声。

爱情很重要，可是如果你追求的本来就是不属于你的，这是什么样的爱情？事实上，不管世界上有多少人，除了一个人之外都不属于你。然而你当前找到的那个人，却未必是你该找的那个人。为爱终身找不到伴侣的人很少很少，很多人回顾自己的年轻时代，发现应景式的自作多情是自己的过往，然而真正的那个人总能找到。

结婚向来不是两个人的事，两个家庭将为之改变，因为新诞生一个家庭，1＋1＝3。

结婚未必是爱情的结局，但结婚一定是一个小结局。在爱情中，每个人都会慢慢了解眼前的这个人是否为自己此生所求，直到得到自己最终的答案。否则，结婚手续只有几块钱。

爱若没了,好聚好散。

有时候爱到深处,只好分开。

有爱的人,阻止他们的唯一的就是时间。然而,时间会给你公正的答复,"有情人终成眷属"不是简单的一句祝福。

总之,祝福天下有情人!

第七篇

做好特殊学生工作的十个建议

写在前面 ❖

　　我们都清楚特殊学生的含义,管一个特殊学生,有时候比管一个班甚至十个班还难。做特殊学生的工作更没有什么业绩可言,每天疲于应付、强作笑脸、让人气得没法儿、神经错乱,甚至崩溃,搞不好还要出事……然而,没有带过特殊学生的辅导员,叫什么辅导员?

　　特殊学生的管控工作,与普通的学生工作大不相同,需要建立不同的思维模式:第一,做好多付出的准备;第二,摆正自己老师的位置,一些基于职业的方法不可放弃,比如联系家长或者做好记录,此时的同情心泛滥可能害人害己;第三,做好特殊学生的工作没有业绩是一件必然之事,但如果抛开政绩价值观,就人生的角度上来讲,你真的帮到了一个需要帮助的人,这何尝不是人生的成功?

　　与心灵鸡汤式的建议不同,对于特殊学生的处理,偏重于"制度"。辅导员的职业化和专业化既可以体现在拥有心理咨询、就业指导和职业发展的知识上,也体现在处理复杂矛盾和特殊学生时采用的"不败手段"和闪现的灵感上。特殊学生的确让人头疼,但特殊学生考验辅导员的专业程度,更考验辅导员的良心。

每个老师都会有一个教育理想,既然选择了做人类灵魂的工程师,就希望建造起属于自己的教育世界。在刚刚从事这份工作的时候,我曾大声去说那些充满了浪漫主义色彩的远大理想,但现实开始让我认识到,也许我错了。我曾认为教育是一个人改变很多人的事,信奉我可以让很多人改变,后来我才弄明白,其实真正的教育,哪怕是改变一个人,让他彻底地重拾人生的勇气,也是很难的!

人与人之间的鸿沟,从来不可逾越。就在眼前的活生生的人,你真的了解他吗?你真的理解他吗?你真的能改变他吗?难!人心总是如此切近,却又如此之远。当我们试图去改变一个人的时候,才明白咫尺天涯的真正含义!

我曾把要带出一届才华横溢的学生作为我第一个教育理想,我为这个理想不懈努力着,却越来越吃力。我真正走到学生中间去,有时候真觉得自己什么都做不了。更有这样的失败:一个学生,沉迷于游戏,终被游戏毁掉,退学回家。面对他的家长,我一个刚毕业的毛头小子浑身上下都充满了无奈和抱歉。我努力过,我想改变他,然而我失败了,我没法面对,我不忍心看到离别时家长的愤怒和学生的茫然,也没法面对自己说过的话。这件事对我的影响很大,我开始反思自己之前的想法是不是错了,曾一度消沉。后来,我用一双寻求答案的眼睛开始观察每个人,才发现在一个辅导员的生涯里,这样的事情不可避免。很多辅导员曾面对更加困难的情况,比如厌学、沟通障碍、心理疾病、变态、犯罪、人身伤害、自残乃至死亡。我曾亲见一件事,一名辅导员了解了一位特困生的情况,经济上的困难已然严重,同时这孩子有着严重的心理疾病。这位辅导员老师竭尽一切为这个同学提供帮助，申请了所有可以申请的奖学金，甚至申请了一笔校外商家的捐款，如果该学生上完大学，可以获得将近 5 万元资助；辅导员几乎每周都要找这个同学谈话聊天，一年多留下了多达 40 多次谈话记录；辅导员还为这个同学寻求了参加创业实践的机会，想通过实践让学生得到锻炼；因为这名学生有着严重的心理疾病，一直在各个医院的精神科看病，辅导员给予了很多的鼓励和支持。然而，这一切在一个早晨戛然而止。这个同学，用一根鞋带把自己吊在用于晾衣服的铁钩上，惨淡地离开了这个世界。

这种案例是极个别的，但不可否认，每个辅导员都有失败的作品。了解到这一点，我开始反思：我的正义和责任在哪里？渐渐地我想通了一件事，每个教育者都很渺小，最多是影响人；然而教育的最高境界，真正触及灵魂的教育在于"改变"。改变并不是指让所有人改变，让一个人改变就是成功！

本篇所说的"特殊学生"，就是指那些需要我们去改变的人。他们的问题存在于很多方面，总体上就是"特殊"。他们在心理上、认知上、行为上、学业上、人际关系上存在障碍，表现为心理疾病、人际紧张、沉迷游戏、厌学、情绪多变等多个方面。我这里所提供的建议，是针对问题提出的共性对策，可理解为做特殊学生工作时不可缺少的工作方法。然而真正想去改变一个人，停留在共性对策的阶段是不够的，需要辅导员具体问题具体分析。

一、找出"特殊学生"

所谓特殊学生，就是"特殊"，与别人不一样。

找出特殊学生，一般有五个途径。1.干部和学生的反馈，哪个同学和别人没法打成一片或有着某种特殊的行为,大家都觉得他很特殊。2.各种指标考核体系所反映出的落后者。数据化管理是科学管理的一种方式,在数字上我们可以发现很多问题。常年逃课的同学一定能在数据上有所体现,常年不愿意起床宅在宿舍的同学很可能存在问题,总是彻夜不归的学生一定有其特有原因。3.自己观察。一些特殊者的行为比较隐秘,周围同学可能看不出问题。但一些有经验的辅导员通过观察行为和听其语言,能分辨出一批"有故事的人"。4.互联网。社交网络无处不在,而一个人内在的东西或多或少会在网络上有所体现,互联网成为分辨特殊学生一个不可忽视的来源。5.个别的反映。部分特殊学生的行为在多数人看来比较正常,但也有真正了解他的人。这时候会有人站出来,和你讲这些特殊学生的事。与第一条不同的是,由干部和多数同学反映的事我们容易关注,如果反映者很少,甚至反映者就是有问题的人,我们可能不信赖他们。这要改一下,谁反映都要重视,重要的线索可能恰好隐藏在这里,一次忽略可能抱憾终生。

二、勤做记录

勤做记录在处理特殊学生的问题上意义重大,这主要体现在两个方面:一是从记录中可以以历史的视角看待问题,掌握该学生的当前情况,结合记录不断调整工作方案;二是记录是对辅导员本人最大的保护。记录的存在说明辅导员已经甄别出特殊学生;记录记下的是针对这个学生哪个时间做了哪些工作,哪怕只是单方面记录,一旦出事后,这些记录可以作为辅导员自证材料;在与家长联系时,这些记录可以作为让家长参考的资料,很有说服力。

当然,除了文字外,照片、录音、影像都是很好的工作记录。

处理特殊学生问题一定要多做记录，不怕麻烦。最好的结果是，这些记录永远被尘封，成为只有辅导员了解的故事。

三、联系家长

大学绝非中学、小学，有一点事就会"叫家长"。然而，大学生也是学生，在学校教育力有不逮的情况下，结合家庭教育一道去改变学生，成为必然选择。

任何一个学生都会反感联系家长，就辅导员本身来说，也存在一种观念：尽量不要找学生家长，靠"告状"解决问题显得没水平；找家长影响师生关系，有些学生会记恨辅导员老师；联系家长又是一个很麻烦的事，有的家长好沟通，也有的家长难于沟通，还反过来刁难辅导员老师。

这些想法均是人之常情，每个人都在 to be 与 not to be 间徘徊选择。是否联系家长，归根结底还是要看学生的问题严重程度。坦率说，我也不愿意联系家长，但在处理特殊学生问题时需要联系家长，我会毫不犹豫。特殊学生与普通学生并不一样，想解决他们的问题，得到家长的支持是不可或缺的。这是责任，而非选择。

一些家长并不知道学生在学校的表现，可能还以为自己的孩子像他自己说的那么好，其实已经花掉学费每天沉迷于网络；一些家长以为自己的孩子非常优秀，却不知道拿回很多奖状的同时，人际关系非常糟糕，已经被彻底孤立；一些家长怎么也想象不到自己家里的乖乖女会千里迢迢跑去见网友——如果我们不去联系家长，可能家长还沉浸在美好的幻想中。

有一类家长，其实挺"可恨"。明明知道自己孩子有问题，因为有某种担心，就是怕让学校老师知道，从不和辅导员交流。他们寄希望于孩子不被老师关注,能浑水摸鱼。甚至你当面问他,还装作不知道。我曾看到过若干此类案例,主要有以下情况:一是身体有病,如严重心脏病,不适合上学,家长担心被学校知道后强制退学,故家长和学生有意隐瞒;二是有心理问题,已经被鉴定为精神疾病,需要专门治疗,但家长不和辅导员老师沟通,想让孩子混到毕业;三是有犯罪记录,孩子曾偷东西或有其他问题,家长从心里就不愿意让任何人知道;四是孩子有一些其他特殊问题,难于启齿,但基于利害算计,有时候基于"面子",家长没有把真实的情况告诉辅导员。这些行为会害了学生,造成永远无法挽回的严重后果。

联系特殊学生的家长,是一项必需的工作。

四、同学的力量

即使我们再努力,我们也并非和学生朝夕相处;而和学生朝夕相处的,只能是他的同学。

作为同龄人,作为同学,甚至作为室友,同学们的力量是足够强大的。想做好特殊学生工作,一定要借助学生的力量。不管是学生干部还是普通同学,他们都至关重要。

学生可以做几件事:一是"看着",尤其一些有严重心理问题的同学,没有几双眼睛看着是不行的,因为你无法预测他下一个行为;而多看着,会对他当前的状态作出正确判断,甚至在最关键点施救;二是"跟随",集体是有同化能力的,能巧妙地让特殊学生跟着集体一块参加活动,这种通过集体的力量化解特殊学生的问题,是非常好的选择;三是"改变",学生特有的语言和生活方式,会去影响和改变身边的人,这种潜移默化的力量是很有效的;四是"家长",在一些特殊学生面前,一些成熟的学生就像他们的家长一样,每天都在关心他们的改变,这些成熟的学生乐于付出,像兄弟或者姐妹一般去给人以真诚的帮助,一种班级式的"家"文化无形中产生了。

此时,一个得力的学生干部,或者一个特别让人放心的学生,显得尤为重要。很多同学心地善良,愿意付出,愿意一直付出,而他们也真的帮到了其他人。我们要寻求这样的同学,他们是"在我们心灵深处的助手"。

我带学生时,通过筛查发现一个学生有严重的心理问题。和家长联系后,家长坦白了这孩子确实有问题,从来不和人说话,为之多次进出医院精神科。基于安全考虑,我想让学生退学,可家长万般恳求,一再保证,只希望孩子"上一天是一天"。因为各种原因,学院最终答应了家长的请求。笔者计算过,整个大学期间这个孩子和我说过的话不足一百句——他根本不说,无论怎样他都不说。对我还算好的,他还能哼几个字,他曾经让一位心理咨询老师崩溃,倍受打击。可是,他有一位好班长,好室友。这位班长一次又一次向我保证,请我放心,让他来做工作。他说他能在游戏中和这个同学交流,而且交流得很顺畅;平时他也能和他交流,他心理并无特别之处,只是不爱说话。我一直将信将疑,但本着试试看的想法让这位班长去做工作。他很用心,像一位兄长一样帮助这个同学,在每个方面给予帮助,也会向我随时报告他的动态。这位特殊学生最终还是因为学业问题退学了,这可以说是一个必然结果。但这个学生家长和学生本人都特别感激,因为他在改变,在逐渐开放自己。学业或者不是他要走的路,但在人生的高度上,他收获了改变。而这一切,那位班长功不可没。

五、特殊学生的特殊圈子

当我们看他们特殊时，他们可能看我们也很特殊。在我们看来，因为人多，所以特殊学生成为一个另类集体；在他们看来，因为人少，特殊学生自己构成的集体更加宝贵，拥有无比强大的同化力量，而那些多数人反而不重要了。

特殊学生的圈子是一个很有意义的概念，在实践中，我发现不止一个这样的事例：在正常的生活中，他们显得和普通同学格格不入，让人担心；但在他们自己组成的小圈子，甚至是靠兴趣爱好组建起来的社团类组织中，这些特殊学生表现出强大的适应能力和超群的个人潜能。他们在小圈子里受到认可，那里没有人以外星人的眼光看待他们。而小圈子也成为成就他的力量，一些偏才怪才，此时表现出不一般的能力。

这是他们的生活方式。如果发现一个特殊学生，恰好有某种特殊的爱好和能力，在平时的群体中无法得到认可，此时我们可以找他好好聊聊，看看能不能把他介绍到另一个圈子中去。如果做出正确的选择，一个新的圈子可以让一个特殊学生如鱼得水，施展才能；即使选择错误，再糟糕也不会比现状更糟。

一些特殊学生就是怪才，需要一些不同寻常的手段。如果我们帮助一个特殊学生找到了适合他的圈子，可以说善莫大焉。

六、目标管理

不同类型的特殊学生，需要不同的施教方式。但就共同点上来说，对特殊学生实施目标管理是有效手段。

目标管理（MBO，Management by Objective）是以目标为导向，以人为中心，以成果为标准，而使组织和个人取得最佳业绩的现代管理方法。目标管理亦称"成果管理"，俗称责任制，是指在企业个体职工的积极参与下，自上而下地确定工作目标，并在工作中实行"自我控制"，自下而上地保证目标实现的一种管理办法。对特殊学生实施目标管理，其意义在于帮助这些学生制定切实可行的目标计划，并不断监督实施。

与普通学生的管理不同，对于特殊学生，我们需要多花工夫和他们交流，制定他们的规划。把规划分解成为任务和计划，并督导实施。对于普通学生，我们可以讲清道理，让其自己制定路径；但对于特殊学生，我们需要做的则是参与他们的目标制定。针对每个目标，我们不断了解他们的进度，去帮助他们调整方向；同时，我们自己也制定目标，制定改变这些同学需要达到的目标，并控制进度。

制定如何改变学生的目标，帮助学生制定可以实施的有价值目标，并对目标不断监督跟进，是对特殊学生进行目标管理的三个关键。

七、对话平台

和特殊学生沟通，我们必须有合理的方式。让每一次沟通都成为有意义的对话，让对话成为改变他们的一种有效方式。

对话不是普通的说话，而是相对深入地、敞开地去让对方了解自己、认识自己，前提是能够开放自己。一些辅导员总是不能打开学生的心灵窗口，找不到共同的话题，不知道该怎样表达，最终错失改变学生的机会。

有声语言是最基本的对话方式，但并不都是有效的。一些师生在交流时,总忘了该说些什么,很多重点被忽视,很多事不知道如何表达出来,对话效果大打折扣。文字虽然麻烦,但因为文字本身是一种想法的梳理和分类,有时候能表达出很多口头语言表达不了的东西,一些基于文字上的对话温暖、真诚,可以随时温习查看,具有强大的精神力量。互联网语言可以看作第三类语言,多媒体的存在,让人们更加精彩、准确地表达自己成为可能。同时,随时随地的在线方式,让这种沟通具备了更多的便捷性。我们需要用语言打开对方的心灵之门,对话方式的选择尤其重要。

我看到过一个辅导员,利用辅导员周记的方式和学生交流。这种方式显然和互联网时代格格不入,在初期还遭到过学生的强烈反对。但随着习惯的养成,这种对话开始具备改变人的力量。在周记中,师生关系已经显得融洽,学生对老师感激之极,找到了很多共同语言。要知道,在现实中,一个特殊学生甚至都不知道该怎么和辅导员老师讲话,不知道讲什么。不过有声语言说不出没关系,有周记语言就够了,文字的力量最终让这名同学变得自信、优秀,真正地改变了她!

与每个学生都应该有对话的平台。有一个不太恰当的例子,我曾经带过两个有个性的学生,我找不到方法和他们交流,因为他们不搭理我,言语之间根本不愿意开放自己。后来我搞定他们了,用了两个方法:一是在穿越火线狠狠地K了他一顿,把他打得服服帖帖,此后我说啥他听啥;一是他本人打排球、羽毛球,打排球他是省二级运动员,但因为这项运动普及度不高平时没人玩,他也找不到对手,但打羽毛球我不怕他,连续PK了几次之后,他败多胜少,愿赌服输。此后他不但开始认可我,还成为我很好的朋友。至于他那些问题,如宿舍不做卫生,和同学不合群,和上课老师发生冲突,等等,则在后面的球友式沟通平台的强大作用下,很快得到改正。他不再自我,甚至成了一个一般意义上的好学生。

语言、笔记、信件、纸条、短信、QQ、微博、微信、游戏、体育、文艺、竞赛……对话平台的存在是非常必要的,不过客观讲,想找到和特殊学生有效的对话平台绝非易事,需要辅导员老师动脑筋、想办法,更要花费大量的时间和精力。

八、特殊学生工作的流程化

以上所提到的几项管理方式,已经可以构成一个特殊学生工作流程,即找出特殊学生、勤做记录、联系家长、依靠同学、帮特殊学生找到自己的圈子、进行目标管理、建立对话平台。

流程化的管理方式,最大的优点就是能从实际先把工作开展起来,并保证基本的安全和正常的生活、学习。流程化并不适合所有学生,但对于特殊学生来讲,流程化的管理方式非常必要。流程化的弊端在于死板,可是此时的死板却绝非坏事。一些具体的手段有助于改变学生,并对辅导员起到保护作用。

九、个人隐私

资深辅导员都有这样的感受,一个特殊学生的工作量,甚至超过其他的上百个甚至几百个。有人会不自主地表达出对某个特殊学生的特别关注,这个学生的事不但在老师圈里流传,在学生圈中也开始传播开来。不久所有人都戴着有色眼镜看这个学生,这对当事学生来说,是一种二次伤害。

不必过多论述,我们要保护特殊学生的隐私,这是基于对人的基本尊重。其实一般老师都能注意这一点，我此处专门赘述，只是作为一种对新入职的辅导员的特别提醒。

十、釜底抽薪

我用了九条讲的都是怎样应对，顶多算是"兵来将挡"。但真正想取得胜利，真正想改变这些学生，我们需要有一种釜底抽薪的方法，主动出击，争取胜利。

这方法其实很简单，就是建立自信。

在《进行心理援助的十个建议》中，我专门提出了"勇气心理学"，其大意是说，一切心理问题的根源都是遇到了挫折，丧失了勇气，丧失了动力，从而产生各种类型的问题。其根治的方法就是找到问题发生的节点，帮助患者树立信心，一切心理问题就烟消云散。这在对待特殊学生的问题上是完全适用的，如果帮助这些特殊学生树立自信，让他们享受成功，让他们开始感受到尊严，问题的解决就容易得多。

所以，对待特殊学生，我们能做到的至善，就是帮助他们找到自我，看到潜能，超越自己，取得成就。一个有作为的人，即使行为上和别人有一些格格不入，也可能变成一种强势的个性特征，而不是特殊。

如何帮助学生找到自信，这是一个很大的话题，绝非几句话可以概括。而我在此提出的意义在于：对于特殊学生，用流程化的方式"应付"他们的同时，更关键的，是要帮助他们获得发展，赢得"自信"。

这篇文章写得很艰苦，但文章写完，我的心情却依旧沉重。特殊学生是工作中真正的难题，绝非几个建议就能解决。在一个教育者的生涯中，完美背后隐藏的不完美，是我们必须面对的道德良心。影响一个人或许很容易，但改变一个人如此之难，或许这是每个教育者都要认识到的最重要一课。我们唯有努力！

遇到特别有思想却不遵守纪律的学生怎么办

问：我遇到一个学生，他每天都不做宿舍卫生。我与他多次谈话，学生每一次都有不同的说法："我上大学是来学习的，我能保证自己好好学习就行了，做卫生有什么意义？""老师，实话告诉您，不只是我，我们宿舍的都这么想，没有必要做宿舍卫生。""宿舍干净不就是图个好心情吗？我们每天早晨出宿舍，晚上回宿舍，在宿舍时间很短，宿舍干净与否其实没用。""我就是混个文凭，我家里早给我准备好将来了，做卫生有什么用？""我不想评优，跟我没关系，这总行了吧。""一屋不扫，何以扫天下？其实这个问题一直在争论呢，不扫一屋而扫天下的本来就有……"等等。学生们总有理，我都说不过他们，这时候该怎么办？

答：首先恭喜你：第一，你看到了真实的辅导员工作；第二，敢于质疑你的学生，未来可能是有作为的，从这个意义上来说，学生的质疑都不是坏事。其实，这只是把问题的焦点聚集在宿舍卫生问题上，很多时候，我们都会遇到那种似乎比你还有思想，把你辩论得哑口无言的学生。他们有的是纯粹在顶撞，但有时候也不是，他们心里真是那么想的。

总体而言，这样比较有思想，却又显得特别"难管""调皮"的学生总会有的。他们不同于普通学生，一般性质的批评或者讲道理对他们不管用，因为他们有时候会把你给说得找不到北。谈到这里，顺便插一句：和学生辩论，把学生辩倒，让学生服气，这还真能算是辅导员的一项能力。我们做事情，不能简单地用一些硬性的东西去规定什么，这样学生并不服气。也不能单用批评这一招，因为很多学生并不吃你批评这套。一边点头接受你的批评，但另一边在你开始批评的第二分钟心里就在反驳你。有时候，还真是需要我们这些辅导员用自己的辩才，用辩论的方式让学生拜服。如果辩不过学生呢，确实有些事情我们自己都不知道如何处理了。从这个角度讲，把与学生讲道理看作一种"辩论"，把这种辩论当成一种必须发展的能力，是很有必要的。如果我们真能说服一个学生，让他口服心更服，那无疑是一个师者可以自豪的事情。

那么，如何说服这样的学生呢？有这样几个要点需要注意：

1.就谈话本身来讲，你不能被学生牵走谈话的方向。其实这与辩论是同一回事：你不能被对手牵着鼻子走，否则会总是处于下风。在谈话的时候，你要主动出击，提出自己的观点，让对方去反驳——辩论中的很多技巧都可以应用于这种谈话中。如何化被动为主动，这还是需要点功夫的。

2."我们宿舍都是这么想的，没有必要做宿舍卫生"，"都"这种情况是不存在的。在一个宿舍中，其实真正有思想的并不会太多，可能有一两个，其他的都是跟风的，这是心理学上讲的"集体无意识"和"个人有意识"（这个词是我造的）。在敢说话人的带动下，那些原本不敢说话或者原本思想并不统一者也会选择拥护所谓"集体的决定"，所以，学生可以说"我们都是怎样怎样"，给老师造成一种错觉，好像是所有人真正都这么想似的。这个时候，辅导员大可以认真分析谁是这个宿舍的主脑，把主脑说服后，其他人马上就能顺服。当然，也有正好相反的做法，即主脑是个很难说服的学生，这时候就要先把其他人说服，让其他人养成良好习惯，之后带动主脑的转变。其实,这就是教育界争论的"抓中间带两头"或者"抓两头带中间"的问题。在我看来,这需要根据情景以及个人风格选择使用,而不是一定倾向于某一个方面。

3.到底如何处理呢? 首先从软的方面入手,即是以说服教育为主。思路如下:

(1)大道理式:一屋不扫何以扫天下。效果属于较差型。

(2)传统式:一个良好的宿舍卫生可以让人有个好心情,让宿舍有一个积极向上的感觉。效果要好很多,可以说服一部分人。

(3)励志式:良好的卫生习惯是未来工作以及事业的保证,这也促进一个人各种良好习惯的养成,习惯决定命运。有一定的效果。

(4)就业励志式:某大公司的总裁说,我选用你们大学生,别的不看,就是到你们的宿舍走走,看看你们是否把卫生打扫干净了,我们企业需要认真对待生活的人。某企业的招聘中,应聘者走过来的时候,看到地面有一张废纸,捡起来扔到垃圾桶里,结果这名大学生被录取了。这些事情都说明,一个良好的习惯对未来的择业、成才有着至关重要的作用。这个故事属于绝对的偷换概念,但效果竟然不错!

(5)深入心理式:大学生内心会注意些什么? 一个宿舍内,朋友之情是他们特别在乎的东西。这时候可以这样做工作:你知道吗?并不是你们所有人都觉得不做卫生是一件好事情,他们只是不好意思而已。而且,宿舍不做卫生是不能评优的,你自己没有关系,可是你能耽误别人吗? 同时,我还给你讲个道理:几乎不做宿舍卫生的,都会恶性循环式地发展。因为大家开始都觉得可以不做,后来宿舍里越来越乱,越来越脏,大家就真不做了,而且都觉得谁做卫生谁傻,谁做卫生就得一直做,等等。根据我以前的经验,基本上所有不做卫生的宿舍,大家没办法团结,到最后人心都散了。这是目前我看到的唯一结果,无一例外。你们只有共同维护宿舍的真正的权益,才会团结。这种做法的效果是最厉害的，话说到这个分上，基本上一大部分都可以被搞定，因为这种做法深入一个人的内心，而心理的力量无法估量。

（6）君子协定式：在以上方法还是不能完全起作用的情况下，可以采取这样的方法。有些学生认为，上大学是来学习的，各个方面都优秀就行了，没必要打扫卫生。那么，就此事可以做一个君子协定。比如，辅导员与学生约定，如果你的成绩一直优秀，你可以有权利不做卫生。如果你四级考试能一次性通过，可以不做卫生。如果你能拿到某个奖项，比如创业计划大赛、挑战杯科技竞赛等，你也有足够的话语权和我说不。反之，就得好好做宿舍卫生。一般来说，这些要求对于初出茅庐的大学生看起来很简单，实践起来很难。只要有了约定，很多人最后都会践行约定的。不过，话说回来，如果他真达到了又怎么办？说实话，大学的目标是成才，如果真有那个本事，不做卫生又算得了什么？只不过，有几个不做卫生的人真能达到那么高的目标呢？习惯不好的人达到一个很好的结果，从客观上来说也很难！这种方式对特定人员有效。

用软的招数的同时，硬的招数是要结合使用的。硬的招数是起到震慑作用。

（1）申明学校规定，如果不按照规定做，要有相应的处罚。这样做对一部分人有效。

（2）在规定范围之外，还有很多其他方面可以用作约束。比如评定国家助学金、奖学金、困难补助、伙食补助等。一个连卫生都不做，连基本校规都不遵守的人，是没有资格获得来自国家和学校的任何资助的（情理上说得通，但其实并不合政策）。这招对于贫困生来说是极其有效的，对于一般学生来说，他自己也会掂量一下。因为从这些字里行间他能明白：和学校对着干没什么好处！

（3）当然，连宿舍卫生都不能带好头的人，评优入党更是不可能。这与上一条内涵一致，却有另一层效用。

（4）卫生不做好，将牵连到宿舍其他人不能参与任何评优评奖，包括贫困生获取帮助的资格。这一点和软方法中的第 5 条类似，非常有效果。

（5）如果学生不服从，言语上又不尊重老师，真是让人气恼之至，这个时候，也不用客气了，联系一下家长，让家长一起做做工作吧。此招万不得已不可使用，因为学生最恼大学老师找家长，所以需要谨慎。

这些方法之外，还有两种方法，第一种方法和心理学有点关系。

（1）如果这个学生纯粹是观点上的问题，可以让学生每天到办公室跟随你做一些事情。让学生看看一个辅导员每天是怎样工作的，让他亲身看到一些不遵守规则出现的恶果。同时，让学生看到一个真实的辅导员，每天在零零碎碎的工作中奉献自己，让学生在情感上能够接受辅导员，让他自己感到不好意思。这种方法是有效的，但是具体操作需要一些技巧。如果方法使用得当，对特殊学生有奇效。

（2）实在不行，出绝招吧：把这个宿舍进行拆分。因为，正如前面所述，一个不做卫生的宿舍，随着时间发展，通常同学关系交恶，大家更懒，后果不堪设想。这是有很多事实教训的。既然是绝招，不到关键时候不要轻易使用。如果发现一个宿舍已经开始分裂了，才可以考虑用这招。说实话，这还真是为了孩子们好，与校规校纪真是没什么关系！

这里，我举的是一个处理特殊学生的例子，大家可以举一反三。

我们之所以对学生费这么大的力气，说实话，是敬业，也是真正为学生着想。

我还想对学生们说句话：等你们毕业后看这些，会觉得很好笑，但其实并不好笑。老师们这样做,是为了一种职业理想,与私利无任何关系。而你们的工作,不管是不是老师,也会遇到类似的事情。所以,也请你们多一份宽容,多一份理解,这也是对未来的你们的理解和宽容!

第八篇

用好辅导员微博的十个建议

写在前面 ❖

这是一个伟大的时代,互联网的兴起彻底改变了人类生活模式。比如,它能改变人类学习的模式,也因其社交性、游戏性、成瘾性会毁掉一个人。那么,互联网究竟是成就了人类还是会毁掉人类。

互联网产品日新月异,每一种产品都代表着人类的一种探索,将人类心理行为与互联网交互推到极致。互联网连接人与人,连接虚拟和现实,连接现在和未来,人类的生活从来没有如此丰富多彩。

互联网影响教育是必然之事,而且已经产生了若干次影响。就在前两天,一个学生在微博上回复我的一条关于移动互联网发展趋势的文字留言中写道:"上课玩手机这件事是辅导员和老师们最头疼的事了。"我回复:"嗯,以前的多种走神百川入海,改手机一个就够了。"这从一个侧面反映了互联网对当前教育的影响,这是一种全方位的深入的影响。时代在发展,行为在改变。

在诸多互联网产品中,微博无疑是当前很热的一种应用。在这里,我们选取微博作为样本,对如何利用微博进行学生工作进行讨论。未来我们使用的产品可能不同,但道理都是相通的。

微博便捷、有趣,有社交功能,体现平等,从一开始就迅速吸引了年轻人的关注。在中国,以新浪微博和腾讯微博为代表的微博生活,成为持续的热门话题。随着新浪校园主管计划和腾讯校园大使计划等针对大中专学生量身定做的推广方案的实施,校园用户已经成为现时微博用户增长的主力军。作为大学生思想的引领者,很多辅导员已经关注微博领域,并做了有益尝试。那么,究竟该如何写好辅导员微博,真正实现思想引领,受到学生欢迎呢?笔者提供十条建议,仅供参考。

一、选择人气旺的服务提供商

互联网讲求"雪球效应",当一个内容服务商提供某一个服务获得好评时,它就能持续不断地提供更好的服务,从而吸引更多用户。从这个意义上来讲,新浪微博和腾讯微博是首选。新浪微博赢在先发优势,众多社会精英、意见领袖和娱乐明星的参与赚足了眼球。腾讯微博赢在腾讯 QQ 的巨大用户群,在腾讯的攻势下,QQ 用户顺手开通微博的不在少数。

辅导员在人气旺盛的服务平台开微博,才能顺理成章地引起学生的关注。如果选择小众平台,无法吸引学生,"辅导员微博"就没有意义了。但也不必做非此即彼的选择,如果觉得精力充沛,辅导员可以同时经营几种微博。我在新浪、腾讯、人人网、和讯网上均开通微博。当然这里面有一定技巧,我运用"微博通"之类的工具,可以同时对所有账户进行同步更新。这样,不必废弃已经用习惯的社交网络,并能吸引更多的学生。

二、为自己的微博做宣传

不仅在微博时代，就是在刚刚过去的博客时代中，很多辅导员也有同样的困惑：开通辅导员博客（微博），就是要在学生面前展示自己。但是不管怎样努力，人气总是上不去，虽然失望，仍然不好意思宣传。骨子里，很多人觉得宣传网络上的自己，有点"不靠谱"，甚至有点"不务正业"。

其实，这样的看法已经过时。从一定意义上来说，网络舆情已经成为辅导员工作的一部分，一方面我们需要掌握互联网舆论，知道学生想什么；另一方面我们需要把真善美传达给学生，占领思想领域。如果意识到互联网就是学生工作本身，还会觉得不好意思吗？为自己的微博站台，是一件光荣的事。

不仅如此，学生对你的了解永远是不全面的，甚至有误解。在互联网上，我们可以把自己最好的一面展示给学生，可以让学生更了解我们。一旦获得学生的"芳心"，辅导员的工作自然就好做了，一个辅导员的成功之路也就铺开了。

三、微博上要讲职业道德

很多人认为，在互联网上，我们可以做这样的一个人：有话就说，想说就说，嬉笑怒骂——这才是理想的网络生活。但显然这是不可能的。在微博上，如果以真实身份生存，我们的职业概念不是淡化了，而是加强了，这就是所谓的微博职业道德。举个例子，作为世界潮流的引领品牌"苹果",对于不讲游戏规则、擅自在微博上提前发布新设计的工作人员乃至高管,从不手软,直接开除;在某些集体决策的领域,一旦成为集体决策,就应该湮没个人的声音。但也有人会气呼呼地把自己的想法发在微博上,以证明自己的正确性——他发布的内容可能会影响决策的实施,并很快被决策层知道。这些不讲究职业道德的人,后果都不会太好。

辅导员更是如此,我们的职业特点,要求我们说话更需谨慎。在生活中,我们难免遇到很多不平事。有时候,一个辅导员会在微博上发一些牢骚抱怨,于自己来说虽然情绪发泄了,但是,一个不实的消息可能引起人心骚动,一个抱怨和不理解可能挑动很多年轻人的神经,一个错误的观念可能引起严重后果。所以,我们在微博上要谨守辅导员的职业道德。

四、利用微博工作需要循序渐进

我们可以把一些事务性的安排放到微博上,基于对信息的需要,学生会被吸引到微博上来——他不得不看。微博有很多自由发挥空间,可以在一些通知上附上自己的解释和感想,这更容易被大学生理解、接纳。甚至通过语言艺术,我们可以使学生理解一个本不太好说的问题。

但是,利用微博工作是不可冒进的,必须弄清楚哪类内容适合在微博发布。如果推进太快,学生还不能适应,反而会觉得老师太好大喜功,并引发种种不满,引起逆反心理,甚至误事。另有一类通知,只适合在小范围内传播,此时采用微博的方式公开,显然不妥。根据信息的种类,可以酌情采用微博、博客、微信、校讯通、飞信、手机短信、全体会、个人谈话等方式传达,当然,这需要辅导员本人对信息做出良好判断。

五、辅导员微博需有良好的可读性

为了获取通知,学生上微博阅读,这只是"角色"上的吸引。但真正的吸引,应该是学生对那些非通知性的内容表现出来的热爱。学生爱读、想读、喜欢读,不读不行,才是真正好的微博。

有人认为,这样做是不是过于"迎合"学生的口味,有失老师身份,肯定不是。事实上,能不能写出吸引学生的内容,这代表你对学生工作的理解,对学生的理解。在互联网语境下,"取悦"和"追随"其实很相似。你必须知道怎样对待自己的粉丝,如同你必须知道怎样让自己的学生满意一样。

六、充分理解原创和转发的含义

原创和转发都代表着一个人的学识和水平,原创代表所想,转发代表所关注。原创文字在微博中起决定性作用,因为原创直接勾勒出一个人,而且富有生活气息。如果原创微博比例过小,那么学生订阅的只不过是一个"RSS 聚合阅读器"。

转发则代表着辅导员的阅读层次和价值观。一个辅导员关注的领域,以及对于事物的看法,在转发中会得到淋漓尽致的体现。一个总是转发星座运势的辅导员代表着爱幻想和孩子气,一个转发国际国内大事的辅导员说明他关心社会百态,一个转发本地吃喝玩乐信息的辅导员则代表热爱生活。

关于转发,有必要提示:转发并不代表同意,但不同意的转发应该跟上理由。否则默认:无理由转发是对原文的一种支持、传播——至少是一种围观。不管怎样,每次转发都代表着我们想表达的东西。学生能一直看我们所转发的东西,无形中取得很多收获,这做到了任何教育形式都达不到的事。

七、妥善处理谣言和不确定信息

网友们已经创造性引用了一个词代指网络谣言:谣诼。当代传播中,微博显然成为谣言滋生的土壤,谣言以更加隐蔽的方式隐藏在快餐式的"微言"中,对社会生活造成了巨大伤害。在传播学中,很多人并不在乎信息的真实性,只是期待"猎奇"和轰动效应,而符合自己期望值的谣言总会被再传播。谣言究竟能不能被戳破,事实上公众并不是很关心,而是直接去关注下一个话题。

微博的"水很深",谣言的隐蔽性太强,我们很难知道什么时候"中招"。作为辅导员,我们只能尽力去分辨,不要随意转发"爆炸性"新闻。如果已经转发了,在谣言得以澄清之后,我们必须在自己的微博转发辟谣信息。传播网络谣言的责任并不完全在我们自己,但获取真相则责无旁贷。

另有一种不确定信息必须处理,这种信息一般为身边的事。对于不确定的消息,第一是不发,第二是寻求能解答的人士解答。最不专业的做法,就是在微博中擅自写下自己的猜测。即使猜对了,不一定有人会认为你有先见之明,相反会质疑你的职业道德;如果猜错了,恰好事情又很重要,很有可能引起诸多麻烦。

八、鼓励班集体或者其他学生组织开通微博

科技的发展,使得随时记录并展示一个组织的成长和发展成为一

种可能。如果我们没能记录,可能这份记忆会永远失去,所以,鼓励班级或者学生组织开设微博是一件很有意义的事。任何一个班集体(学生组织),都能有足够的人手来维护这个微博,通过图片、文字感悟,转发班级成员的微博,发布组织成员的作品等,为大家留下永恒的记忆。甚至在学生毕业后,班级微博仍然可以续写他们的故事。

有人会问,QQ群不就能实现这个功能吗?但是,QQ群究竟是否有充分的参与性,我们每个人都会有答案。QQ群即时通讯的特性,有时候反而是让群成员感到"紧张"和"不想说话"。微博则完全没有这种缺点,很轻松,不受时间地点限制,更容易被接纳。

九、善用微博的交互性

玩微博,最有趣的就是"@"符号的应用,每次@都可以视为一次直接的交流,或许认同你,或许反驳你,每次@的含义可以不同,但都说明他在关注你。通过不断地@,观点越辩越明,事情越来越真,而师生情谊越来越深。作为辅导员,如果在自己的微博中不能@一下自己的学生,那么微博实在只是个无趣的新闻窗。而如果你的学生不@一下你,那该问问自己为什么不受学生关注。

在微博上,很多话题可供讨论。辅导员的每一次参与,可能都会使被关注者感觉到受重视。而我们每次被学生@,心里都暖暖的,师生情谊得到进一步加深。在不断的互动中,我们彻底进入了学生的世界。

十、注意保护隐私

诚然,建立微博的目的就是为了展示自己,但这与保护隐私并不矛盾。援引一位女警官给家长的微博："@南京女刑警：总看到家长们自豪地将孩子的图片作为微博头像,微博里面总会提到自己孩子的名字,提到幼儿园或学校名字,图片经常会暴露自己居住的小区。其实以此很容易汇总出孩子的名字、家庭住址、学校、相貌、家长从事的工作。希望家长们能意识到这些是孩子的重要隐私,要掂量后再发帖。"隐私问题可见一斑。在辅导员工作中,学生就是我们的孩子。很多时候,在我们不细心的情况下,很有可能把自己以及学生的各种信息发到网上,不法分子会利用这些信息对师生进行侵害。

保护隐私是一项基本原则,但事实上,在互联网时代,在社交网络上生存的人们,相关的信息能够被快速检索,这早已没有秘密可言。但是,学生们尚小,他们的互联网身份正在逐步建立。从一开始就提醒他们注意保护自己的隐私,对他们来说是有百利而无一害的。

中国的微博正式兴起于2010年,到现在不过几年时间。正因为是新生事物,我们才有可能在同一起跑线上,发挥自己的智慧用好微博。辅导员微博是未来网上学生工作的方向,谁掌握微博,谁就掌握互联网,谁就掌握时代。想做好辅导员微博,方法何止万千。作为一个先行者,笔者微末建议,只望诸君贻笑大方。

微信来了

2012 是微博年,各种微博事件让人们开始认识 140 字的力量。与此同时,另一个革命性的产品也在迅猛发展,它就是微信。与微博不同,微信更像一个安静的小姑娘,悄悄地躲在我们这里,甚至让人忘了它的存在。我曾仔细想为什么会用微信,我最初的用法只是为了接收 QQ 离线消息。手机版的 QQ 体积庞大,而且功能复杂。而微信却很乖巧,老实地送来我需要的消息,没有任何喧嚣。

微博大热,迎来的却是并不华丽的转身;微信却无声无息后来居上。显然,微博的策略是成功的,从人人以微博为时尚,各种主持人不厌其烦地推荐微博,就能感受到微博正在影响世界。但是,和以往的互联网产品一样,微博也会迎来审美疲劳和使用厌倦期。数据表明,微博的活跃用户已经不及鼎盛期的一半,这实际上是回归互联网产品规律的表现。微博不会灭亡,因为微博的便捷性已经挖掘到人类交往需求的一个极点。但是,微博也不会再现鼎盛,因为微信来了!

作为当代的学生工作者,我们应该为生在这个伟大时代而自豪,因为我们将亲自见证互联网一次又一次把人类需求推向极致,我们将直接看到每一个新产品改变老师和学生的关系,我们从不同层次得到学生对我们的反馈,感受着科技带来的变化。

下一代互联网的核心应用——微信,就这样婷婷而来。然而微信是朴实的、羞答答的，没有七色祥云，不像英雄出世，甚至很多人没有意识到它的存在。微博、博客是往日英雄，而微信却将无声地进入我们的工作和生活。

也许你觉得这是夸大其词，但不妨容我慢慢道来。

一、微信是什么

微信是什么？打开微信，简洁到不能再简洁的页面实在看不出什么，不就是能"免费"发信息吗？不就是能发语音消息吗？不就是有个二维码扫描功能吗？不就是能摇一摇交友吗？不就是个年轻人时尚的玩物吗？而且，微信交友好像名声不那么好，很多媒体都报道过因为微信交友受侵害的事。

以上回答均正确，但正确度有限，严重低估了微信的价值。2012年12月5日中国移动全球开发者大会上，中国移动总裁李跃说他们的对手不是联通、电信，而是来自互联网的微信。中国联通更是直接说微信是中国"第二大运营商"，因为根据数据统计，微信覆盖用户超过2亿，仅次于中国移动，让中国联通自叹不如。

是什么让这些电讯大佬们如此紧张？微信真正的力量是什么？

微信看起来永远那么简洁，但是，微信并不简单。微信是电话，是短信，是彩信，它让运营商沦为流量管道，各种电信业务彻底被微信代替，从此进入了通讯免费时代；微信是微博，是人人网，所有的社交媒体可以被微信的熟人交友方式取代，而基于手机底层通讯录和QQ好友的强关系让其他社交媒体难以企及；微信是陌陌，是LBS交友软件，让陌生人通过微信可以相识，特别符合年轻人的特性，于是"摇一摇""漂流瓶"大行其道；微信是飞信，是翼聊，是易信，所有短信都是免费的,从此沟通再不用考虑花钱,人们从未如此轻松;微信是校讯通,是智能校园,让群发短信变得易如反掌,让信息传达一送即达;微信是阿里巴巴,是京东,是易迅,微信上已经构筑了强大的商业平台,微信营销以及微信购物将改变中国电商格局;微信是搜狐,是新浪,门户网站的资讯功能被轻易取代;微信是媒体,是通讯社,不管是染香还是"罗辑思维",不管是微杂志还是微报纸,微信都有巨大的影响力,而且每个人都可以成为自媒体;微信是记事本,是日程表,记录着你每一个行程,用户习惯转化成粘性最终决定微信常驻手机;微信是一张图片一个二维码,不管是多长的网址或者怎样复杂的名片都成为一张图形,通过扫描链接海量信息;微信是种种APP的集合,不管是商家打折、违章查询、视频精选、软件推荐,只要进入这个微信平台,你几乎可以做到所有想做的事! 一个是电话、短信、彩信、邮箱、微博、陌陌、飞信、校讯通、阿里巴巴、门户网站、媒体、日程表、图形二维码、APP合集的东西究竟是什么? 这就是微信!

微信界面保持简洁,事实是微信的另一种核心力量。创始人张小龙先生从一开始就确定了这样的策略:不管微信具备多么强大的功能,微信都应该是简单的,一目了然的。于是我们看到这样的情形:在用户这里,微信始终是如此简单,你根本看不出它有任何特别。而如此简单的背后,微信却构筑了一个让所有互联网产品俯首称臣的网络帝国。一些本来不错的软件因为不断提供种种华而不实的功能淡化了自己核心价值和品牌力量,最终被用户放弃,而微信不会犯这样的错误。大道至简,微信不给人压力,就是微信带给每个人的感觉。

当然,以上所说的部分功能还停留于愿景阶段,并未迈出实质性的一步。但是,腾讯公司既然抓住了移动互联网时代的第一根稻草,断没有放开之理,一定会让它脱颖而出,让它成为继QQ以来改变世界的应用。我们肯定会见证微信倒逼传统运营商到疯狂的一天,会见证微信改变世界的时刻。在微信时代,我们如果能搭上首班车,这不是一件很有意思的事吗?

二、微信和学生工作

用微信做学生工作?这不夸张,只是需要一点想象力。

可能世界上没有任何一行能比我们更适合使用微信工作,因为我们是在追赶"90 后"和"00 后"的"时尚"。我们追他们的时尚,就是在追逐他们的"年轻"。

我的手机中,有两个最常使用的微信:一个是学生会微信群,一个是团总支书记微信群。如果我想参加学生会的一次活动,我就对着学生会微信群喊一声:我明天下午有空,你们的活动没改时间吧?不一会,回复就出来了:没问题,活动时间不变,欢迎老师参加!奋笔疾书中,我突然遇到一个问题拿不定主意,就对着群说一句:我正在写这周的舆情反馈,有同学反映说打水的计费系统出问题了,究竟是怎么回事?请说得详细一点,以便我反馈给相关部门。这时,只要学生们知道,一定会非常详细地把情况说明。打字太慢,语音跟进,七嘴八舌,于是,这件事立刻清晰了。

这与传统 QQ 群有什么不同?1. 这个群是随身携带的;2. 这个群可以用语音;3. 这个群很时尚。随身携带的互联网,就这么简单!(这些功能都是微信最先开创的,后期移动 QQ 和很多其他软件也开始设立类似功能)

尤其是语音功能值得一说。我们都应该有过这样的感受,在最忙的时候,打一个电话,发一条短信,都觉得很麻烦。有没有更简单的方法？当然，对着手机说句话就OK了，不用去拨号，不用去打字，能表达复杂的意思，能最快速发送到很多学生手中，最关键的是，这实在太省事了！话说，我已经彻底成了"微信语音控"，从来没有觉得工作可以如此"随心所欲"。

团总支书记微信群是我和几个年轻的团总支老师的交流平台。在这里，我们交流学生工作，也分享一些朋友之间的玩笑和见闻。由于办学原因，我们分在两个校区工作，以前只能跑到电脑前发QQ消息，发校讯通，或者是跑到一起来开会。后来手机QQ普及了，可以用手机发送讯息，但毕竟还要打字。现在不一样了，强大的微信语音功能可以让我这样使用：一些需要周知的简短事宜，我只需要在微信上喊一声即可，大家就立刻收到，实际上是一次电话会议；需要图文说明时，我就把内容拍下来传到群里，大家可以直接看到；如果需要文字，我就通过"登陆网页微信"功能在电脑键盘的状态下输入文字，和电脑打字的速度完全一样。在刚刚结束的寒假，我们进行了寒假社会实践活动。递交寒假社会实践总结的任务基本上都是在微信上传达的。如果我的指令不清楚，老师们会在微信上提问，我的回答大家都能听到，做到了信息的同步。而且手机肯定是不离身的，所有信息做到了第一时间传达。传统的开会还有可能漏掉内容，在微信平台上完全不必担心，随时补充回话即可。如此做法的结果是：微信节省了大量的交通成本、个人精力、文印耗材，可谓从无纸化办公1.0时代完全进化到2.0时代。

除此之外，个人对个人的微信交流一样有用。前两天，我到另一个校区办事，遇到一个正在为情所困的大四学生，他不知道感情该怎么继续，不知道工作该定在何地，也不知道自己人生何去何从。这几乎是大学生情侣在毕业时都要遇到的问题，他们自己走不出去，需要我们的理解和引导。我和这位学生谈了40分钟，把事情前因后果理清,学生感觉"豁然开朗"。但是,学过心理学的老师知道,仅仅一次谈话肯定是不行的,效果会迅速减弱,直到学生再次进入死胡同,这就需要我们对学生继续关注。恰逢我这段时间不能来这个校区,于是,我们后面的谈话都是在微信上进行的。我两天左右回复一次他的提问,把他思想中不通或者错误的地方指出,尝试着帮他重新找回信心。微信语音此时的功能无可取代,它不同于电话,不同于短信,不同于面谈,其心理援助的效果是特别的,也是有效的。通过两周的微信聊天,我最终帮助这个学生走出人生的泥潭。

还有一个有趣的使用方式,就是微信和拍照功能相关联,可以通过微信了解现场的实际情况。最经典的应用就是有些现场我们不能参加,但又需要了解情况,那一张照片就能搞定;查公寓卫生的同学说某个宿舍今天特别好,那么有多好? 就直接拍照;如果展开想象力,遇到紧急情况,我们需要第一时间了解,都可以通过拍照实时传送信息;甚至可以这样用,学生举办晚会,为晚会增加点喜庆气氛,可以实时录制一些声音或者发送一段微信视频现场播放。时尚有趣的参与方式会很快受到学生们的认同。

微信的位置服务功能,能准确显示学生的位置。这功能我还没想好怎么用,但是,可以预想这功能可以用在查考勤上。学生本人说我在上课,那么很简单,发一条带有地理位置信息的微信就行了,看看你是否在撒谎。哦,这招一定会被学生破解,但也没那么容易。微信查考勤也是一个不错的选择。

微信还可以替代传统学生工作的很多方法,比如"纸条大法"。一些辅导员喜欢这种方法,当去公寓查了卫生情况后,会留给学生一张纸条:×××,你今天真懒,没叠被子吧,以后要注意哦;×××,你今天的卫生进步很大,要继续努力! 这是一种很容易拉近与学生距离的方法。不同的是,以前需要纸条,现在可以用一条微信代替。组织学生外出实习,遇到紧急情况需要给大家及时通知,一条微信群发立刻搞定,还能马上知道学生是否收到,收到各种反馈后立即做出下一个指令。遇到一些用语言不好描述的事情,打开微信视频通话立刻一览无余。有感触想发微博了,一条微信也能搞定。情绪高涨时甚至可以用微信和学生飙歌……微信让办公彻底移动化。微信在手,一切不愁!

当然,微信被媒体妖魔化的一面是需要注意的,但这根本是一个伪问题。"微信成抢劫、强奸工具 律师:腾讯要承担部分责任",这样的标题时常见诸报端。我只想说,这只是媒体吸引读者的眼球,本身并无实际意义。可以做个简单实验:把微信换成"微博",这就是一两年前的新闻标题;把微信换成"QQ",就是七八年前的标题;把微信换成"聊天室",就是十多年前的标题;把微信换成"网络交友",则直接追溯到互联网刚兴起的时代。其实,微信只是一个工具,它只是满足人们的需要,媒体把一个工具妖魔化,实在是一种不负责任的选择。我们完全不必担心,微信成为正常软件只是时间问题,我们可以大大方方地和学生讨论微信。

微信在学生工作中的应用都是基于其各种功能,当有创意的年轻"80后"、"90后"辅导员加入到微信队伍中来的时候,必然会发掘更多的有趣功能,必然会有更多新鲜的玩法。到时候,移动化的学生工作一定会变得更有乐趣。

三、微信,2013

其实,前面所讲述的微信应用,都是点对点的应用方式。另有一种点对面的方式,是微信的核心价值所在。所谓点对面,是指微信公众平台和微信开放平台。很多朋友并没有听说过这两个平台,但事实上这两个平台代表着微信的未来,是微信中值得我们关注的部分。

简单地说,所谓的微信公众平台,就是指把微信做成一种广播。只要用户成为微信粉丝,就能接受到平台推送的各种信息。与微博信息不同,微信信息是直接推送到手机里的,而且不限制内容长度。打个比方,微博是商场陈列,商品虽然在更新但需要你自己动手拿;而微信是送货上门,只要预订过,面包会按时送到,想不吃都难。

微信开放平台是微信另一大核心价值,它让微信可以与一切互联网服务打通,让更多的开发者为微信开发各种插件。这是一种了不起的商业模式,各种插件将实现各种功能,微信把互联网产品进行统一整合,互联网被微信这个入口重新定义。这意味着,未来你使用的所有互联网应用,可能都会从你点击微信图标开始。现在看来这不是没有可能,从目前已经实现的功能和微信的占有率来看,微信成为互联网入口只是时间问题。

高校建立微信公众平台是必然之事,这是高校思想教育的一个很好的载体和途径,避免了因为费用带来的种种不便和尴尬,而且能承载更大的信息量,促成更好的师生互动。微信开放平台也必将和高校有所关联,一些与高校有关的内容将做成插件,和学校的管理系统打通,实现学生信息的查询、考勤、学费缴纳、选课以及成绩查询功能。作为移动互联网的基础应用,微信其实代表了互联网的发展方向,以后种种应用都会以此为平台,而我们的学生工作,必然会因为微信改变模式。

著名 IT 杂志《计算机世界》刊登了评论人方兴东的预言:2013年是微信年,"微信将是 2013 年互联网产业最大的风暴中心","中国将很可能为全球贡献第一个世界级的互联网应用"。微信像腾讯的另一款产品 QQ 成为手机标配只是时间问题,在这个微信大热的前夜,我们把玩这个即将长大的产品,是一件很有意义的事。要么我们追赶学生,要么让学生追赶我们,就目前来看,微信可以让我们领先一步。博客辅导员、贴吧辅导员、微博辅导员,都将成为明日黄花,微信辅导员呼之欲出。在这个伟大的时代,一个很"in"的辅导员,总能把数码玩出新意,把微信玩出威信,始终翱翔在时代的风口浪尖之上。

第九篇

提高工作效率的十个建议

写在前面 ◆

经常听到辅导员抱怨工作忙、乱、累,但这么忙究竟
做了什么?答案是不知道。忙成为一切的原因,也成为
一切的结果。真的这么忙吗?你这么忙,真的帮到学生
了吗?对你的个人发展起到作用了吗?

众多辅导员,埋头于各种事务性工作,忙于处理数不
清的事务,"日理万机,比总理还忙",到头来却发现什么
也没得到。于是把仇恨转移到工作本身:这是一份没有
前途的职业!

处理众多事务,甚至处理复杂矛盾,是辅导员工作中
的一部分。有的辅导员疲于应付,但有的辅导员却不慌
不忙,从容镇定,完成工作的同时还有很多收获。这其中
的不同,就是辅导员能否提高工作效率。

说到提高工作效率就不得不提到一门管理科学:时
间管理。一切人的能力都可以视为一种时间资本投入,
所不同的是,能力大的人能用最少的时间产出最大的结
果。很多人对时间管理不以为然,不就是怎么节约时间
吗?我知道。其实,你不知道!时间管理绝不简单地指
对时间的排列组合,这是一门很好的学问,一旦将其内在
为行为习惯,我们将受益终生。

因为爱写一些有关辅导员的东西，在互联网上结交了全国各地的很多朋友。交流的过程中，既有一些热情洋溢的心灵鸡汤式的分享，也会碰到种种不如意和抱怨。其中，出路和成就感显然是其中的热点，这是内因和外因共同作用的结果。外部环境在当前的情况下难以改变，但在内因方面，我们的确可以有所作为——不管是出路还是成就感，都离不开一个关键因素，即效率和效果。一个高效有成就的辅导员和一个做事总不见效率更没有效果的辅导员是截然不同的，前者在享受成长，后者则每天忙忙碌碌，却不知道自己在忙什么。

造成这样的结果，归根结蒂还在于经验的积累不一样：有的人积累了数年的经验，有的人则一个经验用数年。那么，我们怎样积累经验值，实现效率的提升，并最终做出令人侧目的成就呢？笔者给出十个建议供大家参考。

在此之前，有三件事需要说明：第一，在积累经验方面，没有捷径可走，需要一点一点做好每一件基本的事，直到从生手变成熟手，从菜鸟变成老鸟；第二，确实存在一些技巧，让人短期内取得进步，这种技巧属于"时间管理"这门管理科学；第三，本文撰写的十条经验，并未进行分类归纳，如里面提到的三个软件应归纳到信息技术一类，但本文打破类目，直接进行叙述，目的是为了突出重点。

一、研判每件事的重要性

看似老生常谈，恰是问题所在。因为各种原因，高校有关教育和管理的最终实施者都是辅导员；加之中国式的政绩观，自上而下有多种教育思想、教育理念、教育路线、教育政策、领导意愿、工作特色、各类活动，让当前的辅导员工作的任务量和复杂程度无以复加。可能中国的辅导员已经成为目前世界上工作类型最丰富的职业，在一天的工作中，一个辅导员很可能在各种角色间进行频繁切换：教师、班主任、心理咨询师、职业指导师、健康达人、防灾教练、谈判高手、破案专家、活动策划、创意执行、文艺骨干、体育健将、裁判金哨、队列指导、公共关系、科研学术、文件文案……凡是和人有关的，想到的和想不到的，都成为或将成为辅导员的工作。多样的工作种类印证了辅导员工作之多，数不清的工作让很多人疲于应付，无所适从……累吗？累！做了什么？不知道！

重要的事情没做，不重要的事情做了一大堆，等出现问题的时候，觉得自己很冤枉：我真的一直特别特别忙，工作都是你们安排的，现在出了事来找我，让我怎么办？

我只能以一声无声的叹息回答：的确，工作很忙，但重点是什么，所谓的表面性的"忙"并非理由。我们需要知道自己是谁，自己在做什么，工作种类再多，也离不开"学生"两个字。谁忘了这两个字，谁的工作终究是瞎忙。

在实际工作中，研判每件事的重要程度是有规律可循的。第一位的一定是安全，之后是健康、学风、人际、贫困生、学生干部、恋爱、公寓、社会实践、文体活动……每个人可以有自己的排序，但哪个重要，哪个不重要，一定清清楚楚地知道，一定清清楚楚地在实际工作中体现。

二、占领第二象限

专业的辅导员一定接受过职业生涯规划的相关培训，都应该了解史蒂芬·柯维的四象限法。把"重要"和"紧急"两个因素进行有机排列，第一象限的事物为重要且紧急，必须马上去做；第二象限为重要但不紧急，很多人不着急就不做；第三象限为不重要却紧急，很多人做得热火朝天；第四象限为不紧急不重要，一些逻辑不好的人却在这样的事情上浪费时间。

一个有普通心理问题的同学转化成心理疾病并不需要多久，一个因爱生恨的情种走上高楼只需要一个念头，一个因为宿舍矛盾挥刀相向行为只需要一个瞬间——很多人认为这是纯粹的不可预料性事件，我看不然。因为忙于处理第二象限以外的事宜，总无意间忽略掉那些重要却不紧急的事件，由重要不紧急转化成重要且紧急就成为必然。忽略了学生，忽略了和学生有关的那些事，到头来当然出现问题的也是学生，到时后悔莫及！

道理谁都懂，可在第二象限面前，人们仍会选择性失明。"领导要一个材料""下午有个会议要参加""要检查工作记录了""这个活动我必须办好"等理由，都是说这些事很紧急很重要，没有别的选择，于是忽略真正重要的东西就自然而然。

不把这个逻辑真正想通，所有工作永远是混乱的、混杂的、虚无缥缈的、令人担忧的，情绪也因此烦躁。当前的事没真正处理好，重要的事又没重视，结果只能是工作效率低下，躲不开麻烦。

三、甩掉身上的"猴子"

所谓的猴子，就是对工作的拟物化比喻：工作是一只猴子，活蹦乱跳，一旦爬到身上再也不下来——除非，把猴子甩给别人。

学生会的一个部长找你来问，想办个环保活动，不过不知道怎么办;领导找你说,你带学生做个社会实践,没问题吧;同事找你,诉说了半天自己的不公平待遇,问你怎么想;跨部门的同事说,学生们反应×
×教师教得不好,问该怎么处理这件事;团委书记说,你做个策划,OK?
老婆打电话过来问你明天去买家电行吗;贫困生则想和你聊聊。

猴子来了,好多猴子!

对学生干部:你去找一下×××,他以前办过大型活动,向他请教一下,形成完整的方案后过来找我,到时候我帮你改。

对领导:社会实践我能带,不过请先告诉我,我手头数学建模竞赛的任务是不是可以给别人。

对同事:哦,对不起,中午吃饭时说这事行吗? 其实我也没什么办法。

对跨部门同事:就听你老兄的安排吧,我没意见。

对团委书记:策划没问题,不过我需要把手头助学金的事处理一下,另外请你先把相关资料收齐给我,好吗?

对老婆:没问题老婆,你先看好了选哪一款,明天我跟你去。

对贫困生:好,咱们谈谈!

原来光是这么说说,就已经感到一身轻松。原来我的工作,还可以这么安排。

这里需要说明两件事:一是同事找你诉说自己不公平的待遇,能拖就拖,或者直接拒绝,否则本来猴子在那一肚子气的同事身上,说完后他一身轻松,猴子跑到了你身上——还不如不听。二是贫困生想和你聊聊要一口答应——学生的事一定是最重要的,而一个贫困生鼓起勇气来找你,一定有他不得不找的理由。放弃这样的一个机会,可能会把重要不紧急的事转化成重要且紧急的事,到时候后悔也来不及了。

甩掉猴子并非借口不干工作,正好相反,这是分辨分内事和分外事,分辨自己事和别人事,分辨紧急事和不紧急事的最佳方法。养猴子的人永远做不了真正重要的事,想做真正重要的事,就请先甩掉猴子,一身轻松。

四、找助手,越多越好

所有的管理最终只有三个要素,即人、财、物。人是核心因素,某种意义上,有人就有一切。

那我们就找很多的人,当我们的助手吧。如果所有的学生都是我们的助手,那该多好!

这并不是胡思乱想,而是有事实基础。我一直相信魏书生先生的一句话:"相信每个学生的心灵深处都是你的助手。"在实践中,我因此得到很多好处:我能让助理成为我的助手,然后是学生会的干部,然后是班干部,然后是很多很多人都是我的助手。他们成为我的助手,他们就长大了。

尊重他们,相信他们,调动他们,学生们愿意和我们一同面对生活,我们需要做的就是,激发学生自我管理的潜力,并逐步实现自我管理。从少数人一直到多数人,从力所能及到做一切的事,找助手,越多越好。

这不是理念,而是可以实现的现实目标。不过,要实现这样的目标,当然要遵循客观规律,一批一批地发展,不宜操之过急。他们能做的事情,也要一点一点耐心地教,只要入门,后面的一切都好办。

可能在某些人那里会有这样的担心:让学生干活是不是于理不合?这完全不必担心,只要让学生协助的工作不是个人的私事,不是必须保密的事宜,不会影响学生的学习生活,而且能保证工作质量,协助我们做一些工作本身就是一种非常友好的社会实践。师生共赢,何乐而不为？

五、纠正"忙碌"就是"努力"的观念

这绝不是一两个人的看法，而是所有人的内心期望。不表现得很忙碌，不就让人觉得不努力吗？

事实上这根本就是两码事。我们的时代总在宣扬刻苦努力这些概念，而与之匹配的画面就是加班奉献等，其实这是一种误导。忙碌根本不是努力，所谓的忙碌有时候只代表效率低下，同时成为不积极提高效率的原因。

一句话，别再把忙碌当成一件好事了，那真的有点不专业。正确的方法应该是：提高效率，拒绝忙碌！

六、寻找"时间黑洞"

我可以肯定地说，一个未接受过时间管理专业训练的辅导员，至少有百分之五十的时间被白白浪费了。换句话说，他的时间被"时间黑洞"吞噬。

不信？不可能？不会吧？有点危言耸听！

其实，如果是一般职业人，这个被"时间黑洞"吃掉的时间甚至高达百分之七十。我以下描述的现象，请对号入座：

开门，打开电脑，扫地打水。哦，拖把坏了，到旁边屋里去借，顺便和一个同事聊小孩的事。电脑运行不正常？那必须修啊，花了十分钟找人搞定电脑，终于能上网了。看学校学院网页新闻，呀，弹出来了个广告，正是我喜欢的那件裙子，看一下吧，一看不可收，二十分钟过去

了。不仅裙子，团购，还有自己喜欢的化妆品也打折了！呀，不行，事还没办呢，赶快干正事。什么？十分钟后开会，就十分钟了，还能做什么？不如泡杯茶等着。开会了，先讨论一会，昨天的学生比赛表现特棒……一个会引入主题用了二十分钟。开完会了，工作方案没写，想想还得去找同事商量，结果又发现同事不在，打电话约了时间。这时弹出了一个提醒，某某@了他的微博，那就上微博转一圈，顺便发几条今天新的动态。手机接了个电话，原来是保险公司打来的给私家车续保的，那就谈谈吧。呀，突然想起一个同学约了谈话，我怎么忘了？十一点半了，那下午吧。咦，怎么都快十二点了，要吃饭去了吧。哎呀！刚开会说有一个资料下午要交，我只能中午加班了，我怎么这么忙？

时间黑洞是一个血淋淋的事实，它在无声地却又无情地吞噬你的时间，你的生命。面对时间黑洞，我们应该说不！而一旦战胜时间黑洞，随之而来的就是有两倍甚至三倍以上的时间！

七、指令越详细越好

我在微博里曾记录了这样的一个感悟："职场必杀技：指令精确到只要执行就一定正确，这才叫好指令。让人猜测的，让人模糊的，让人有歧义的，都算不上好。有些人愿意搞模棱两可的指令让别人猜：一方面人品有问题，一方面不够'专业'"。

这既是对上也是对下。对上级，如果指令不清楚，就需要立刻搞清楚究竟他想要什么。比如领导交代要举办一个送毕业生的晚会，那立刻就对指令进行细化：时间、地点、出席人员、规模、时长、资金、资源……上级有可能被问烦……烦就烦吧，还要继续问，直到把这问题搞清楚为止。否则，事后问会更烦，或者南辕北辙，从一出发就错了。

对下级更是如此,很多时候我们面对的学生,他们的认识和阅历都可能浅显,一个不明确的指令可能会出现意想不到的后果。我想老师们都见到过新生入学体检时的各种搞笑,就是因为辅导员没有把体检的事情说得特别详细,一些没参加过体检的孩子就按照自己的理解参加,闹出一堆笑话。事后还得重来,辅导员和学生都觉得很受伤。所以此时,指令精确,甚至喋喋不休,符合辅导员工作特点。

其实,这还有一层道理。每个优秀指令的诞生都是蕴含着思考的,相当于把工作做到了前面。而糟糕的指令一定是缺乏"事先用功"的,只能等出现问题进行补救,后面的工作无穷无尽。两相对比,孰是孰非立等可见。

八、技术提高效率之一:微信

微信(以及微信类 OTT 软件)和辅导员,天生一对。没有任何一种技术能像微信一样让辅导员与学生之间更有效地进行沟通,微信带来学生工作的革新!

传达消息:短信只是文字,文字表意能力实在有限,甚至有些内容通过文字根本表达不出来。但一条语音消息就可以解决这个问题,又清晰又明白,一条不行再加一条,60 秒的语音能说多少有用信息,和面对面没什么本质区别。最重要的,你不必每次都开会。

群发消息:微信群的建立非常方便,用短暂时间就可以给不同类型的人建立不同类型的微信群,然后群发消息,简单易行,瞬间即达,操作方便。

语音留言:微信不是实时的,而是可以稍后阅读的,这样学生上课与否就不再是关键,任何时间都可以发送微信消息(当然,要符合规章制度)。

查询位置:"你在哪?""我在上课。""那好,把你的位置给我发过来,或拍一张教室的照片……你这不是在宿舍睡觉吗?"

实景传递:"老师,××同学被撞伤了,现在躺着起不来了。""严重吗?立刻给我发一张照片过来,或者直接视频。"

大型活动:"××老师因为出差未能亲临现场,但他通过微信发来了对本场辩论赛的寄语……"

公共平台:"五号女生公寓楼最近总有男生在周边转,请关注。""收到,谢谢你的提醒,我们马上派人过去。——学生处微信公共平台"

只有你想不到,没有微信做不到。

还在守着老式电话、短信?该升级了。从效率角度来讲,微信秒杀一切。

九、技术提高效率之二：日程软件

好记性不如烂笔头,当代的烂笔头,就是我们的日程软件。

随时将工作任务输入到日程软件,本身就是对事件的判断和梳理,有利于分清事件的轻重缓急;同时,由日程软件管理,彻底杜绝忘事或者记错这类低级错误;最关键的是,目前的日程软件实在是太好用了,方便得就像你说话睡觉。

我推荐的日程管理软件就是 QQ 日程,在 QQ 邮箱的左下角有"日历"按钮,点进去加入自己的日程即可。不过这不是全部,按照"帮助"里的提示,将智能手机设置接收 QQ 邮件和日程,OK,大功告成! 只要你在 QQ 日程的电脑端更新日程,你的手机立刻能同步显示。甚至,你可以把一个文件的全部内容放到日程中,手机客户端就能准确悠闲地提醒你了。

　　这一招效果立竿见影，只是我不知道多少人看到我的文字后会立刻去尝试一下。如果说不会，恕我直言，纯属借口，而且你会错过一个进步的好机会。

十、技术提高效率之三：智能手机

　　智能手机时代，一机在手，办公不愁。什么照相、摄像、扫描、OCR、复印、传真、录音、翻译、传递消息、编辑文档、阅读资料、留现场证据、查学生信息、发办公微博……智能手机，不就是个电脑么？

　　对于智能手机来说，一个功能其实就是一个 APP，而善用手机几乎可以代替之前办公室要花费数万元购置的各类数码办公设备。以笔者为例，笔者的打印机不带复印功能，笔者就用一款叫"MDScan"的扫描仪 APP，将文字拍照，然后系统自动进行色彩处理，将文字加黑，将背景漂白，放到打印机里，一个漂亮的复印件就出来了，没有比这更 in 更 high efficiency 的事了！——读者可能会疑惑，用手机拍照，用打印机打印不就行了吗？这个软件有什么用？真正用过手机拍照并打印的朋友会知道，用上述方法打出的东西纸面是发黑的，有背景的黑色，不管你是多少像素的手机都一样。而这个软件的特点，就是对照片进行对比度调整，使之适合打印，背景变成全白。

　　智能手机实在太智能了，甚至已经超出了现有人们的想象力；智能手机太能干了，我们甚至还不晓得我们还能用它做什么。我只能说，有了智能手机，一切尽在掌握！

　　提升工作效率永无止境，效率转化成果又是一件必然之事。衷心祝愿每个辅导员老师都尽快找到自己的工作方法，提高效率，做出成就，成为笑傲江湖的职场达人。

最后，我要向一位叫邹鑫的先生致敬，因为看过很多时间管理的书，但他的书深入浅出，让我真正抓住了时间管理的精髓，本文也是在此基础上写成的。邹鑫先生的《小强升职记》，一些读书网站已经收录，强烈推荐，开卷有益！

写给青年老师：知道你有多优秀吗？

看到这个题目，我想大家都立刻想到最近最火的一句话：如果不逼自己一把，你都不知道自己多优秀。确实，我想表达的就是这个意思，不过思路却肯定不同。

累、疲惫、心力憔悴、没有自己的时间……嗯，干咱们这行的，尤其是刚刚工作的几年，如果没这样的感觉才怪。本来就是最年轻的，又要额外承担很多其他任务，加上刚刚开始带学生，没有一点经验；当然，还有很多老人欺负新人——被各种莫名其妙的事情搞得身心疲惫，真有点受不了——你是这么想的吗？

你可以这么想，但也可以换一种思路想，也许能发现一个新天地。

就在今天，我和一位刚工作的辅导员老师聊天的时候，谈到了关于公寓管理的事。这位老师认为，公寓管理就不该是辅导员的事，凭什么我来负责？再者说，我现在很忙，主要的学生工作还顾不过来，公寓这种事，更是细枝末节，摆不上台面吧。

我觉得这是一位有着自己想法的新人。在我所在的学校，虽然有公寓管理中心，但学院领导要求辅导员直接负责宿舍。辅导员直接管理宿舍有很多重大意义，比如帮助学生养成行为习惯了，可以有效改进环境卫生了，可以明白扫一屋扫天下的道理了，等等。但这些道理不一定被所有人接受，比如说我今天碰到的这位，她就坚持认为公寓管理就是公寓中心的事,辅导员很忙,凭什么她来管。

我笑着说,也许你可以换一种思路考虑这件事,你会有一种全新的感觉。我现在不是同事,是作为一个朋友和你聊这个,听听我是怎么想的,好吗?

你有一千种一万种理由可以证明,辅导员没什么必要直接管公寓。好吧,我相信你是对的。但反过来讲,辅导员管公寓对于学生来说肯定不会是坏事,如果不是坏事,它的存在就算有了一个不太大但也算牢固的基础吧?

你已经做了一段时间的学生工作了,你做出了很多成绩,这个大家有目共睹。但是,你有没有一种本事,把你的公寓也"顺便"做好?

你知道你同时能做好几件事情吗? 肯定不知道。那你想知道吗? 请你把同时做好宿舍问题当成对潜能上的一种挑战,行不行?

觉得这个东西不够格? 其实人最难的事永远是身边事,作为年轻辅导员来说,带领学生做一些活动出点成绩实在不是多难的事情。最难的事情是什么? 嗯,就是这个,能让一些学生起来打扫本公寓卫生。

当然,大部分学生都不会费你什么劲,但问题是那些"小众"。我相信你已经充分看到了一些小众学生,他们缺乏一种生活的活力和动力。他们没什么脾气,不会和你顶嘴,只会呆呆地看着你,但你说什么他也没反应,也不做。这种超蔫的学生,你其实并不知道他们心里想什么,学习生活什么都不放在心上,什么都无所谓,不上课无所谓,挂科无所谓,不能毕业无所谓,更不必说什么公寓卫生。你比他们着急,这些人才是你最头疼的,对不对?

那么,他们不做公寓卫生的时候,你该怎么办?

嗯,这就是我想说的,这才是真正高级别的考验。

问我怎么做,现在我来问问你,遇到这样的学生怎么办? 我知道你现在没有办法,因为你的办法已经用尽了,是不是觉得有点技穷?你会不会想,总不至于让我替学生打扫卫生吧?

你说对了,有时候你帮学生打扫卫生,还真是解决问题的一种方法。并不是为了打扫卫生而打扫卫生,而是激发起学生的羞耻心。这么干成功的也有,然而他人的成功你能复制吗?当然,纸条大法成功者更多。我见过的一位已经退休的老师,当时他带学生的时候,每次去宿舍看到学生不叠被子,不做卫生,就留下一张纸条。上面不是责备,而是嘘寒问暖,对于今天做卫生了表扬一句,对于今天没做卫生温言询问。我可以告诉你,这位老师退休前,公寓卫生那是相当好,而学生们对他的评价是相当高。

这种方法你能实现吗?你该如何做?或许未来你会成名震一方的 CEO,你面对下属的偷懒——当然你面对的是成年人,他们有稳定的情商和行为模式,但是你必须面对他们的各种数不清的小毛病,你可能帮助他们克服,甚至提前无形中帮助他们消灭了小毛病。当然也有可能你每天对他们罚款、批评甚至直接开除。反过来说,你现在做的事和未来做的事有什么本质不同?学生不打扫宿舍卫生,但你是否能说服他们呢?这是一种更高层次的挑战,与之对应的是一种更高层次的能力。你可以拥有,前提是你必须去尝试。

嗯,就是这么回事,这就是我的逻辑。每次遇到难题的时候,经常这么想问题,心里烦乱可以很快过去,专心考虑如何解决问题。在解决问题的过程中,你找到一些属于自己的方法,这就是你的"风格"。

顺便就想起了去年的一件事。那是另一位刚工作的辅导员,因为兼职了团委书记,班里面有几个极特殊的学生,加上又派给她一些其他活计,使她彻底失去了自己的时间。这位老师每天一副非常疲惫的样子,连说话都没有力气。"我……很……累!"

当然，她的确很累，必须承认。可是，我们仍然有另一种可能。

我笑着对她说了三层意思。

第一层意思。没错，你现在的工作量，远远超过一个普通辅导员该做的。可是，你有没有问一下自己，你的潜力究竟有多大，在同一时间内究竟能做多少事？

你肯定不知道，因为你被自己打垮了。工作当然是很忙，但是，你的潜力和能力也随之被开发。如果你不逼自己一把，你怎么知道自己有多优秀？

第二层意思。你这个阶段，很多人都要经历过的，谁也不例外。我在工作的头两年里，带学生369人，兼任团委书记，负责做当时的创业计划大赛，组建了学院的国旗护卫队，制作了一期学院的网站，同时创立了"心之旅"社团，与电视台合办了一期很有影响力的节目，指导了一期ITAT全国信息技术培训，搞了几种主题教育，还有一个反传销志愿者系列活动受到国务院重视、视察，办了辅导员电子杂志（在我博客里均可以找到），还顺便写了二十多万字的博客。就是说，我同时做的可不仅仅是你现在面对的，还主动加了一些活。

我最具创造力和最有收获的阶段，都是在那个时候。与你面对工作量发愁不同，我可能因为是单细胞动物，就是一个简单信念，相信自己能做好，要证明给人看，于是自己就做到了。当然，现在看起来那些活计有很多粗糙的地方，但是，这些宝贵的经验使我一步步地变得完备，一步步地开始成长。没有那些数不清的工作，我又怎能知道自己能做哪些？

我自认为我成长得比别人快一些，无非就是在经历新人时期的时候，更努力挑战自己。而以上所有的经历，还帮助我找到了我喜欢的道路——你不都做一遍，你确切地知道自己究竟喜欢什么吗？

所以，既然必须经历，何不更主动一些？

第三层意思。你想知道你的未来在哪里吗？嗯，就在你现在最忙时的表现。

其实已经提到了，想知道自己究竟能做什么，你最起码需要都做一遍，这道理不必再赘述。其次，你的能力会在担当中不断快速成长，当你觉得自己真正有能力的时候，可能你仍然不知道你的未来在何方，但你拥有了"目空一切"的勇气和坚不可摧的决心。

这个说得形象一点，就比如我现在的工作。当然，客观上我现在的工作量要远远小于刚工作的那个时候，但偶尔也会忙得不可开交。不过，面对再重再麻烦的活，我现在仍旧可以从容不迫。一是心态上不怕，以前更忙都见过；二是我在以前的烦乱工作中总结了一套方法，我能提高效率，处变不惊。一边处理事务，我的脑子中还可以不断思考新的东西，我养成了一种主动思考的习惯。

而一旦确认了自己的能力水平，虽然未来在哪里不是我们可以预知的，但有一点能确定：我们开始逐渐有本事证明自己的价值！就这一点自信，比所谓的一些什么承诺还来得有分量吧。

三层意思说完，这位老师点点头。我想她满腹的牢骚，现在被赶到一边去了。她会审视自己究竟能有多大的潜力，怎样同时做这些事，会有多大的进步。

嗯，差不多了。不过结束前，还有必要再说明一件事。

甭管你多忙，事实上你可以掌握的时间还是很多的。时间是挤出来的，而且一定能挤出来，我保证——当然这里面有很多技巧。如果你有兴趣，找一本时间管理的书读读看。

我想说的说完了，青年老师们，你想知道自己多优秀吗？不妨按照我提供的思路试试看，人不逼自己一把，真不知道自己有多优秀的！

第十篇

进行自我激励的十个建议

写在前面 ◆

辅导员的出路在哪里？如果没有出路，我们又该怎么办？

有教育部门提出辅导员可以试点终身制，用"处级辅导员"等制度来给辅导员落实待遇，但这只是画饼，这样的制度不可能实现。一些学校的领导并不重视辅导员，不要说出路问题，基本待遇都不给解决。大多数辅导员需要通过自己的努力奋斗，从困局突围，走出一条属于自己的路。但这条路太长太黑，我们走得很累！

出路毕竟是以后的事，当下才是活给自己，所以活在当下对辅导员工作更有意义。辅导员工作的复杂麻烦程度，一定会让青年辅导员很快感受到人生中的第一次职业疲倦，乃至长期职业疲倦。

职业疲倦是一个必然过程，这没什么可担心的。但缺乏成就感，不能认可自己的工作，产生严重职业疲倦的人，生活、工作、健康、家庭都一块跟着受影响。这几乎是最糟糕的结果，但显然在发生。如果换一些角度看问题，对自己评价更客观一些，事情和你想象的会大不一样，你会发现自己工作中的乐趣。寻找工作中的乐趣是一件非常重要的事，这就需要学会有效地自我激励。

初入教育界,我们就像孩子一样天真地表达自己的喜悦,欢呼雀跃。但现实是残酷的,和我们想象的不同,在真正去做学生工作的时候,现实让我们的心灵感到疲惫。这种疲惫可以称为"职业疲倦",这种落差可以称为"价值混乱",是一种真正的挫败感。

我们需要重新认识价值,重新像孩子一般认识现实。如果我们不能驱走疲惫感,不能淡化这种落差,就不能成为真正的教育者。因为我们迷航了,不会是别人的明灯。这不是很容易就能做到的,需要焕发强大的自我或者进行强力自我激励。对此,我给出十个建议。

一、直面自己

身为一个一线工作人员,太了解辅导员老师最难过的事是什么。随着职业生涯的发展,自己的朋友、同学开始攀至人生的某个高点,而我们仍然原地踏步,即使有一些所谓职位上的提升,也还是在一个很清贫的小圈子里。这世界在变化,我们顶着大学教师的光环,但受到的社会尊重越来越有限,生活质量的提高跟不上社会的进步。

辅导员的工作本不容易,而且还有很多人误解我们。我曾在一本书中读到:某教授评价学校中各色人等,认为最有权最有钱的就是辅导员,因为入个党分个助学金之类的,辅导员就会大赚一笔。这文字看得我心很痛。

很多高校的领导对辅导员的认识有偏差,辅导员没什么用,你不愿意干后面排着一堆人等着干呢,不想干走人。即使有理解辅导员的领导,也没法给予你更多,他们要做的本质上和别人一样,用更少的成本干更多的活。而在学生面前,我们小心翼翼地建立自己的形象,却总会被一些自相矛盾的事弄得没有面子。

辅导员身份的转变更是痛苦的事,在学生面前本该是师长,但转过脸来就要当下属,甚至这个过程还会直接被学生看到。我们本该是教育者,很多时候却要充当行政者,一些事情我们只能按学生不喜欢的方式去做。我们是老师、政治家、思想者、上级、下属、教官、保姆、公寓管理员、保安、侦探、心理咨询师、职业指导者、问题学生安保专家……哦,抱歉,我说的没有你想的全。

世界上没有任何一个职业能扮演这么多的角色,更没有一个职业能让人在各种角色间如此快速地转换。还有多糟的事,请一块说出来吧。

其实,亲,不必说了,我明白。但你说了这么多,你究竟明白你在说什么吗?

你在说的事情很简单,这就是"辅导员"。你之所以有这么多苦恼,还是因为你对辅导员的理解有偏差。你没办法面对自己,是因为你没面对真实的自己。而真实的自己,就是你不知道什么是真正的辅导员。

你必须直面自己,你必须知道什么是辅导员,你才能重新认识这份工作。

二、重估一切价值

选择了辅导员工作,就选择了清贫,选择了奉献,选择了教育人生。

"重估一切价值",这是一句多么霸气的话,当我们以"我"的眼光看世界的时候,就可以很好地理解笛卡尔的"我思故我在"。然而,我们有多久不思考了？我们有多久没有考虑过自己的价值了？我们的存在是不是如此虚弱？

存在感的虚弱，会被负能量趁虚而入，让我们心灵混乱，情绪低沉。然而，真正的教育者，内心该是强大的，像光一样照耀别人。请重新认识"教育"二字的含义吧。重估一切的价值，就是重估作为一个教育者的价值。

如果我们不能正确估量自己的价值，恐怕我们真的没有价值！

三、我是谁

哲学上有三个终极问题："我是谁""我从哪里来""我到哪里去"。

谁能告诉我，我是谁？

你真的知道你是谁？

如果你知道，请问那个知道自己是谁的谁，未来的你还是现在的你吗？未来的生活还是现在的生活吗？未来的那个你是一样平凡无奇，做着同样的工作的人，还是走上重要的位置，开始影响更多人的人？

很多人其实并不明白"我是谁"，在抱怨的时候，总忘记了自己许下的诺言，奢望并不属于自己的未来。很多人一直在嚷嚷辅导员没有出路，可是，他们的前辈，通过辅导员的工作走上了领导岗位，通过做辅导员走到了人生的高端。当然，机会永远是少的，只留给一部分人。这不仅仅是辅导员工作，每个职业都是如此。而你心里的逻辑是：我当了辅导员，就该许诺给我什么，我未来就要怎样怎样，好像这世界真的欠你似的。

你来或者不来，辅导员的机会就在那里，不多不少。你进步或者不进步，辅导员的工作就在那里，不增不减。然而，凡事必有例外，总有人超越了辅导员工作,翻上了另一座高峰。

要常常问自己:我是谁,我的才能在哪里,我能做什么,我做好准备了吗?

你从来处来,要向去处去。如果你没有进步,你只能回到来处;如果你不断努力,自然有你的去处。

人,不能迷失了自己,输掉未来。

四、为谁而活

吴光远先生在他的著作《听大师讲哲学——人为什么活着》一书中,指出活着的六个意义,分别是:

1.为了肉体存在而活,如为金钱而活,满足肉体的欲望;

2.为了感情而活,感情至上,甚至放弃生命;

3.为了意志而活,权力和名望是实现自己意志的标志;

4.为了思想(理性)而活,为了自由的思想,"若为自由故,二者皆可抛";

5.为了灵魂而活,宗教当属此列;

6.为了社会而活。前五种活法都是为了自己,只有最后一种活法,超越自我,"为人类而工作"。

有人会哈哈大笑,拿这样的东西来和我说,我早过了不切实际幻想的年龄了,我现在看的是柴米油盐酱醋茶。

可我要告诉你,教育就是人类活着的最高形式,为社会而活,为别人而活。当你为自我活着时,人总是渺小的,狭隘的,人性中阴暗潮湿的一面会冻透你。而总有一类人,他们活着超越了自我的范围。他们拥有信仰,永远充满旺盛的动力,而且愿意为自己所信仰的东西牺牲。

他们一定是超越了自己的人,用慈善的眼光审视世界。他们把自己融于社会,自己活着,别人就能活得更好。

我们是教育者,应该活得高贵。我们拥有了某种精神上的巨大憧憬和满足,生活中那些微不足道的事就会被扔到一边。

这不是空口白话,作为教育者,我们都会有某一瞬间的感动,觉得自己这个老师曾帮助到别人,很值!

五、心灵的宁静

一位老教授问学生:"你心中最美好的事物是什么?"学生想了很久,列出一张清单:健康、金钱、爱情、事业、权利、名誉。教授扫了一眼,说:"你忽略了最重要的一项!没有它,即使得到了上述种种,也只会带来痛苦。"教授随后用笔把学生清单上的事物一笔勾销,在纸上写下了:心灵的宁静。(源自微博)

歌德借少年维特之口说:"内心的平静确是一件珍宝,简直就是欢乐本身……要是这珍宝能既珍贵美丽,又不易破碎就好了!"

很多人拥有世俗所追逐的成功,财富、权力、名望,信奉"天下熙熙皆为利来,天下攘攘皆为利往",但他们会被压力折磨得彻夜难眠,被噩梦惊醒,被原始积累种下的恶果而惴惴不安,为"高处不胜寒"而心力憔悴,为亲情的淡漠而苦恼。只有在面对贫瘠者时,才能像个刚睡醒的暴发户一样假装瞧不起别人。

我们的生活中也会有很多烦恼。然而,如果我们多加修炼,我们是可以获得心灵的宁静的。作为一个以成就别人为成就的教育者,心灵宁静来自我们的付出而非索取,来自平淡而非炽烈,来自我们做着最微不足道的伟大的工作。

六、教育的光芒

北京师范大学肖川教授在《一个受过教育的人》中写道：

一个受过教育的人，是具有某种品质的人，而不是指"上过学"的人，不是指获得了某种学位的人，具有某种学历和文凭的人。

或许他（她）没有英俊的外表或姣美的容颜，但是他（她）自然朴实，乐观自信，不卑不亢，能够平等地与所有人交往；

或许他（她）并不高大，却有人格的挺拔与伟岸，有坚定的意志、强烈的责任感和不屈不挠的品格；

或许他（她）没有机会去干大事，却能够以饱满的热情和潜心的投入去做小事；

或许他（她）既没有显赫的身世，也没有超人的才智，或许他（她）并不耀眼，并不引人注目，但他（她）悦纳自我、友爱他人，易于领导与合作，而难以奴役和盘剥……

他（她）应该是具有民主的性格的人——乐于分享，善于沟通，勤于反思，服膺真理，勇于承担，敢于创新的人；

他（她）严正而又宽容，深邃而又单纯；

他（她）执着而又潇洒，真诚而又练达；

他（她）勤勉而又从容，刚毅而又柔情；

他（她）有胆、有识、有情、有义、有趣；

……

一个教育者的光芒，就在于培养一个受过教育的人。我无法用更好的语言来形容,如果我们的心灵沉下来,去这样教育一个人,让他成为一个受过教育的人,我们不是卑微地伟大着吗?

教育的光芒,如此耀眼,如此神圣,如此光亮。我们是渺小的,但我们会通过教育,培养出伟大的人格!

七、做最好的自己

一名学生,毕业后千里迢迢地来看我,让我给他写几个字。我想了想,郑重地写下:"做最好的自己。"

这是送给学生的,也是送给我自己的。每一届学生,我都会和他们一遍一遍地说:"请认真地活着,请做最好的自己。"我也一遍又一遍对自己说:"我要认真地活着,我要做最好的自己。"尤其在烦恼的时候,我总是这样要求自己。

做最好的自己,有三个层次的意思。一是指认真对待每一件事,不因事小而不为。二是要竭尽所能,拿到最好的结果。有时候这种结果需要以成绩来体现,那么,就要拿到最好的成绩,勇敢地旗帜鲜明地告诉别人,这就是我!三是要不断提升自己。在知识恐慌的时代,学如逆水行舟,不进则退。强烈的忧患意识要转化为马上去做的行动力,在行动中琢磨、研究、向别人学习,然后加上自己的经验,学有所得。一个一直在进步的人是快乐的。

我想把事情做好,仅此而已。这样的一个想法,有时很渺小很脆弱,有时候又如此强大,能让我们面对所有的风浪。

八、打碎玻璃天花板

一只苍蝇落在玻璃上,前途光明,却没有出路,这就是所谓的玻璃天花板效应。理论一经诞生,就被无数粉丝用以描述自己糟糕的境遇。

其实现在想想,人不是苍蝇,生活也没有设置天花板。如果设置了,那一定是自己设置的。谁的路不是自己走出来的呢?

关键是,你能否打碎那天花板。

如果我们找回了自我,如果我们回到了教育者本身,那么,我们理应去影响更多的人,这时候的确需要一种职位或者岗位的提升。一般来说,这都是一个积累的过程,不管是哪个方面,能被提拔的人多半是有某种特殊能力的人。

就辅导员工作本身来说,写作能力出众,可以去做党政宣传工作;组织策划能力出众,可以去做共青团工作;处理工作灵活有章法,可以做处理复杂矛盾的保卫、纪检等工作。就学生工作系统来讲,能成为领导的,应该是业绩优秀并深刻理解学生工作的人。什么都做不好却指望走上领导岗位,是不可能的;凭借倚老卖老走上领导岗位的,只是被安慰着的最后一批被同时代淘汰的人。

我们追求有更大的影响力,没有错。但我们更应该有强大的愿望,努力做更大的事,打开那扇看不见的门。

九、真正的尊严

人最大的痛苦,在于对比,不是说"人比人,气死人"吗?为什么要对比呢?其实,无论对上或者对下,对比都不能获得尊严。

尊严一方面来自别人的认可。这种认可更多的是同一领域的认可,是对你所做事情本身的认可,你的内心因此获得满足。举个例子,我们身边有人看起来死板不通事理,但在其所工作的领域,说起他的时候不得不佩服,这就是尊严。

尊严另一方面还取决于你自己的状态。整天嚷嚷着要尊严的人，可能真的没有尊严；安静地做好每一件事，让自己的生活充实不虚度，就会有尊严。

最没有尊严的事，就是自己和自己爽约。说好了今天要看一本专业书，结果没看；今天要完成一篇文字，结果没写；今天要去和一个学生谈话，结果没谈；今天要去学生公寓走走，结果没去；今天要解决一个学生的困难，结果没解决——工作确实很多，但自己和自己爽约，怎能算把事情做好？怎能算自己给自己尊严？

自己都不给自己尊严，别人凭什么给你？我们视若珍宝的尊严，来自全情地投入，来自虔诚地工作，来自忘我地努力。我们观看一场篮球比赛，篮球手奋不顾身地去救一个球，重重地摔在了场外，无论球是否救了回来，全场一定会把最热烈的掌声给他，因为他感动了每一个人，为自己赢得了尊严。

十、我来过，我很乖

一个 8 岁小女孩的墓碑上写着六个字"我来过，我很乖"。千古墓志铭，没有一句比这更震撼的。

我总在想，人的一生要经历很多事，当我以后不做这份工作的时候，我会怎样看待这段生活？我想起的是学生带给我的快乐，还是满腹牢骚？当有一天我走了，在我的墓碑前，人们是否会驻足，说这里躺着一个曾经认真活着的人？

想到这里，我就再次沉下心去，做一点正确的事，我不希望我虚度人生。

说说职业疲倦——走出去有点难，但必须的

一

　　职业疲倦是个普遍存在的问题，当一个人的职业生涯过了一段时间之后，很自然地进入这个阶段。职业疲倦的表现有很多，但最大的特点是：工作没有动力。人一旦缺乏动力，各种负面状态就都出来了。心情不好，身心疲惫，技能下降，思想愚钝，记忆力减退，想法消极，干劲下降到最低点，对生存的意义产生根本的质疑。总之，一切都让人不爽，很糟糕。

　　说实话，干我们这行更是这样，人很容易就进入一个疲惫期。工资水平维持在饿不死的水平，提高到衣食富足万无可能。进步的可能性是有的，但是即使进步，无非是草根的进步，又从事了另一种听差的工作，虽然对人有一定的激励感，但是总体来说还是动力不强，就像一部笨重的悍马只有0.8L的发动机。而更严峻的事实是，大家进步的可能性并不大，因为进步的机会毕竟有限，更多人还是得原地踏步。如果与所交的朋友的经济实力差距较大，这种对比就更加明显。我的很多朋友也很年轻，但年薪是我的数倍，是几套房子的户主，坐拥好车，常在一块，第一种感觉是差距咋这么大，应该说有一种艳羡。第二种可能就是想到自己所从事的工作，一辈子都不可能得到这么多东西——这种强烈的对比，让人不由自主地对自己所从事

的工作以及未来产生质疑。想到这些,你就知道生活很残酷,现在做的很多事情与未来的联系竟然不大,我们工作的意义何在?工作和生活中,不如意的事十之八九,领导的不重视或者误解,同事的小动作,学生们有时候很刺激人的一些言论,生活中无奈太多,喜悦太少,鸡毛蒜皮的小事,都能让人产生严重的疲倦感。

似乎谁都逃不开,这可真够麻烦。

我今年的状态糟糕得很,还曾一度迷上 PC game,昏昏沉沉,给我敲响警钟的则是让我郁闷的两件事。一次是辅导员讲评比赛,稀里糊涂地让我当了主持,当时的大脑一片空白,整个活动我都不知道是怎么主持下来的,机械化得很,中间出了不少差错。主持的时候,觉得自己超傻,嘴皮子超级不利索,手放在哪都不对,有说不出话的感觉,连木偶录音机都不如。这让我空前郁闷。第二次是学生主办的一场比赛,我去做评委,轮到我做个小小的点评的时候,我突然发现本来还算富裕的语言彻底贫穷了。我的标准是点评要超越比赛,结果那次真成了"领导讲话"了,自己评得都不满意,更不用说学生们的感受。这可不像我,我之前曾经想过,任何时候不要砸了自己的招牌,现在就是在自个折腾自个呢。

之后想了很久,这一年来,书读得少,博客也懒得更新,最长的时候一个月更新一次,事情也懒得思考,脑袋中越来越空白,口齿也不利索了,做事情整天想如何"自全",而非"努力",自己种下的果子,终于自己尝到了。

所以,必须突围!

二

脑子不用就生锈了,这绝对是正确的。最近一段时间内,我在慢慢地恢复，最大的体现就是又开始写东西了。虽然靠写东西创造价值的目标还没有达到（也许根本达不到），但是，在写东西的时候，我不断强迫自己思考很多事，查各种资料，在头脑中激烈地辩论，迟钝的大脑开始慢慢发动起来，感觉好多了。我想，现在把我推到台上，不至于再发冷。肚子里的东西多了，有时候不给个机会表达还难受呢，怎么可能说不出来？虽然还没有达到最好的水平，但现在的状态毕竟在恢复，慢慢地要超越，超越一天前的我，超越一个小时前的我，超越一分钟前的我。

我之所以愿意袒露心扉谈我的不光彩经历，因为我知道，和我有同样困扰的人很多。我曾苦思自己走出来的原因，得到了几个小小的想法。

第一，不要奢求不属于自己的。

一般来说，一个健康稳定的社会中，一个人想一夜暴富除了买彩票就是抢银行，不过这些似乎与我无关。我根本就是一个小人物，做个小人物不是很好吗？这样，金钱、权力、房子、豪车等在自己的世界中都是一种虚无，不去想它们，知道自己不属于拥有这些东西的阶层，想了也白想。我们经常和那些拥有物质财富人去比，是用自己的短板和别人的优势去比，当然要有落差。在一群人中，大家都很富裕，只有自己相对贫穷，滋味的确不好受，可是，如果大家都尊重你，是尊重你的财富还是其他呢？如果和他们没办法交往，就算了，我虽然没有那么多的财富，但我有我的生活和小小的尊严。我在自己的世界中也是国王，用不着看别人的脸色，用不着别人指手画脚。如果我觉得不舒服，我还是选择自己的小世界。

这绝对有点阿Q，心理学上叫选择性知觉，就是对一些事情假装视而不见。其实，这也算不上阿Q，而是客观地认识自己。真正了解自己是哪个阶层的，真正了解自己的生活本来是什么样子，不去要求不该得到的。但是,这的确需要一个过程,去适应这种落差。

第二,给自己一个快乐的小世界。

是的,和有钱的比我们穷,和有权的比我们卑微,和聪明的比我们够笨,但问题是为什么要和他们比? 我们是有自己的小世界的。我们有自己的父母,亲人朋友,还有可爱的学生。喜欢音乐的,可以到处放满 CD 唱片;喜欢旅游的,可以积累一笔钱,做一次既经济又有趣的远行。如果父母老了,我们可以是他们的中流砥柱。有了儿女的,看着他们一天天长大,完成我们没有完成的理想。在朋友面前,不用戴着虚假的人格面具做一些唯唯诺诺的事,大家求同存异,一起开怀大笑。在事业上呢,我们和学生在一起,不分高低贵贱,不分长幼尊卑,只有老师和学生,只有教育与尊敬。我们把每一件事都做得无可挑剔,从一开始就把最好的给学生。教他们演讲、辩论、探求人生的意义,教他们找到美、欣赏美,有自己的快乐,教他们掌握足够的技能,用双手去改变自己的命运,甚至改变世界。由此,学生们长了真本事,我们收获了尊敬,不值得由衷快乐吗?

第三,找到自己的价值。

自己活着的价值在哪? 如果自己不知道,那谁能知道? 这些天,我想好了自己的价值:我活着的时候,让家人和周围的人都尽量过得好——最起码是个逐步提高的状态吧。之前,我也曾想有份行政单位的工作,衣食无忧,一辈子冻不着饿不着,也想放松式地生存,但"赢在中国"中有一句话,凡是每天看电视或者玩游戏 3 个小时以上的人,收入绝不会超过两千,何况自古以来成功之人都有着超乎常人的勤奋。毛泽东在我这个年龄,已经创办了若干个刊物,写了很多篇文章,理解了若干种主义了,而这一切有赖于他孜孜不倦地读书,并真正走进社会生活去调查实践。现代职场小说《杜拉拉升职记》中,我们可以看到这样的情景,主角杜拉拉加班加点是经常的事,不加班反而不正常,所以她才有机会赢得 23 万的年薪。话题说到这,好像又说远了,你不是说要认清楚自己是谁吗? 怎么要和这些牛人比? 没错,了解自己是谁很重要,但是这并不排除我们要学习成功人士的经验。我们或许渺小,但在小小的一方讲坛上,我们能把"教育"两个字写到极致,不就是一种极大的成就吗? 比方说,我们埋头著书立说,成一家之言。我们用经验指导学生社会实践,让他们获得超多的成长值。我们用很高的水平指点辩论赛,让每个参与的学生都成为专家。我们能一眼看出哪个学生面对人生的艰难选择,帮助他度过人生一个难关。每一件事情都这么小,但做到极致又是怎样的价值?

有人会问,你做到极致又为了什么? 你不还是个小角色吗?

这个问题确实能难住我,如果非要我回答,我只能说,我就是喜欢! 或许我突破不了我的界限,但在界限之内,我能把一切事情做得完美,让前人感叹,让后人仰望,将来自己的儿女在说起父母的时候,可以大胆地说"我爸是个超牛的老师"——这不也是一种人生价值吗?

想想这些崇高的价值,就觉得每天为了生活中鸡毛蒜皮的小事没完没了真是没意思,我们原来能够有所追求。安安静静地做一点有意义的事,这多好!

所以现在的我,又开始笔耕不辍,孜孜不倦。虽然也偶尔玩玩游戏,偶尔 happy 一下,但是,有了追求之后的放松才是真正的放松,才能获得休闲的真正快乐,而不是浑浑噩噩地越玩越累。集中主要的精力做一点事,什么事不重要,反正我相信,我能在我这个行业上做出点成就来!

我经常有点不自量力,非得说点只可意会不可言传的话来,虽然这种挑战有点难度。我找遍了互联网,没有找到关于职业疲倦的满意的答案,所以在我自己走过这段路之后,就想把它写出来! 你看,这不也是一种人生价值吗？挑战成功与否不知道，但是我想，如果某一两个人读懂了，不就是我的一种成就吗？如果碰巧读明白的人又觉得有帮助，不就是一种功德吗？如果碰巧大家都懂了，试了试还觉得有效，这不是"善莫大焉"吗？不奢求不属于自己的，努力找到自己价值的过程，是一种极好的幸福。

后　记

一

我总觉得，文字是有灵魂的。

鲁迅说，凡泣血之物，才是真的文字，我深以为同。

我不知道你用了多久读完这本书的。如果一口气读完，我很欣慰；如果用了几天，我会微笑；如果用了很久，我必会非常失落。虽然这并非一本以感动人为目标的作品，其中有很多世俗的方法，隶属于实用型作品，但我可以坦然地说：这是一本用生命在写的书，一字一句，字字含心。我不忍心让读者读到如同嚼蜡一般的作品，让读者不知所措，我用尽力气，只是想写一本让大家都看得下去的书。

在我的成长历程中，书籍带给我巨大的鼓舞和力量。如果说现在的我具备一些专业能力，有实践的力量，但更是书籍的力量。读书带给我太多的经验和思考，不同学科的书籍和实践工作的碰撞，总会让我发现一个个崭新的领域和新鲜的观点。我乐在其中，享受其中，感受接触新鲜知识带来的身心愉悦，并把一些观点付诸实践。这个过程虽然辛苦，但很有收获。

只是读书并非想象般顺畅，我的书架上，有若干本关于辅导员的书籍,这是我立志于研究辅导员工作的收藏。但惭愧的是,虽然我努力静下心来让自己阅读,但有些书籍只是勉强看过一遍,甚至只是翻过目录,实在看不下去。开卷有益的基本原则是:不论水平高低,阅读就有收获,虽然我这样劝自己,但确实有些书读不下去,味同嚼蜡。我工作的头几年,对这类书籍求之若渴,却没有哪本著作打动过我,让我非常苦恼。也恰是这个原因,我立志要写一本让大家读得下去的书。

你看到的这本书,就是我想写的一本书。这本书绝对不是简单内容的罗列,不是各个学科知识的生搬硬套,不是站在十万英尺高度的道德审判,不是仍存在于空想阶段的信念却不曾实践。这是一本融会贯通之作,知之为知之,不知为不知,这本书只说我知道的和我感受到的事。

在众多关于辅导员工作的书籍中,这本书绝对属于另类,以让读者读得下去为目标的研究类书籍在中国不是另类吗? 但是,我可以坦然地说,我的文字确是用心之作,我的文字拥有灵魂。

一些朋友的赏识和推荐,让我拥有了一个全新平台,让这些文字服务于读者,必须感谢;而亲爱的读者,不管你是第一次认识我这样一个有趣的人,还是从博客追到微博一直追到这本书,我都想表达一下我的谢意:因为有你,我才精彩。

二

我必须承认,我曾经做得不够好。

我做辅导员的日子里,几乎犯过自己所指出的所有错误。很长一段时间,我想起自己做的一些事,总觉得无地自容。一些基本原则的错误,一些常识性认识的偏离,一些自以为是的想法,都被我拿来"实验"。我很惭愧,一方面我安慰自己,走错路是因为没有人指路;一方面我心里默念:瞧,学生不是最终原谅我了吗?

说到这,我特别想指出一个事实:教育是宽容的,老师是宽容的,可是,比起学生的宽容,这还不够。年少气盛的学生,对于当下,哪怕是一点点委屈也不能容忍,但在毕业后,一切早已风轻云淡,开始以宽容之心面对。我一直承认,而且坦然地承认,工作的头几年,我实在不能算作一个合格的老师。我的一些举措简单而粗暴,我并不懂得推己及人,不懂得换位思考,我只是单纯地推行自己相信的理念。我的书中描述过这样的青年辅导员:宁愿自己背负"恶名",但仍然推行"正确的事",说的正是我自己。当一种行为对别人造成伤害时,不管目的有多好,这种行为都是不可取的。我用了很久才明白这个道理。学生们当时用沉默表达对我的抗议,毕业后却原谅了我。我知道,我的学生是爱我的,因为毕业后他们兴高采烈地讲给我很多轶事。在一些事情上,只要我开口,他们总愿意全身心地帮助我。我曾经不太熟悉的学生,毕业后竟然和我特别亲,让我惭愧。一些被我"K"过很多次的"刺头",在我反思自己曾经的不恰当时,他们却和我走得更近,乃至亦师亦友。于是某一天我又明白了这样的道理:人无完人,错误只是成长路上的一个台阶,这没什么;不管你的水平能力怎样,只要真诚付出,就能赢得认可。这认可不管来自当下还是来自未来,你付出的,总会有回报。

每年都会看到一批又一批新人入职,看到一批又一批青年辅导员为工作困惑,我就在想:如果当年的我有人指导,会不会进步得更快些?我现在所做的,是用一支笔,写下自己所有的经验、困惑,希望帮助这些新人少犯些错误,快一些成长。

三

人的边界在哪里?这曾是让我困惑的问题。我相信,这也是让每一个人困惑的问题。

目前的职业,有如此之高的技术含量,但显然,社会认同感和出路问题并没有很好地解决。究竟该怎样对待?

我并非想用无源之水做一碗"心灵鸡汤",更不会自暴自弃地无病呻吟。我还是想寻求一种出路,想找到我摸不到的那个边界。

曾经有两个年头,是我人生中最痛苦的时刻。每个人的生存都不是真空的,我感受到了生活的压力和自己的无助。一度绝望,思考自己的路是不是从一出发就错了;一度沉沦,越是无望越是无所作为,每天抱怨连天却不肯做一点有意义的事;一度迷惑,如果未来是注定的,我所做的一切,有意义吗?

其实所有人都涉及这样的过程。关键是,三十而立,是否已经开始"站立"?我们是为自己找到了一个理由,还是找到了一条道路?

就我个人来讲,我进行了多种尝试。这些尝试无疑都是失败的例子,都是在迷雾中前行。我想要的,并非只是单纯地为了达成目的,而是憧憬人生的幸福。我希望我能改变我的生活方式,但同时希望,我能发挥自己所长,做自己喜欢做的事。进政府工作和从商都是一步之遥,甚至已经尝试,但我又退回来了,继续做我的老师。我发现我热爱学生工作,所以重新审视自己,重新定位,重新开始。

我回来了,是值得庆幸的。

我终于明白,我热爱的是什么;我知道,这辈子我最适合的就是当一个老师;我手中的这支笔开始和我成为朋友,未来,它将和我一起走过风雨历程。

我找到了自己的边界,我不想迈过去了。不属于自己的风景,只用来装点别人的窗子,在熟悉的地方,才有自己的田园,自己的归宿。我就是个老师,一个普通的老师,一个和学生一块成长的老师。我为这样一个不够伟大但并不渺小的梦想奋斗。

朋友,你呢?